_______________ 님

귀하의 사업 번창을 진심으로 기원하며
이 책을 정중히 드립니다.

법인을 만드는 순간

초판 1쇄 발행 2025년 12월 22일

지은이 이태일, 윤정현, 이수정, 이명진, 서상철
펴낸이 장길수
펴낸곳 지식과감성#
출판등록 제2012-000081호

교정 김지원
디자인 정윤솔
편집 정윤솔
검수 정은솔, 이현
마케팅 김윤길

주소 서울시 금천구 벚꽃로298 대륭포스트타워6차 1212호
전화 070-4651-3730~4
팩스 070-4325-7006
이메일 ksbookup@naver.com
홈페이지 www.knsbookup.com

ISBN 979-11-392-2986-8(03320)
값 17,000원

현직 베테랑 전문가들이 밝히는 법인 설립의 모든 것!

법인을 만드는 순간

이수정 | 서상철 | 이명진 | 이태일 | 윤정현 지음

지식과감성#

목차

Chapter 1.
회사를 만드는 순간부터 시작되는 세금 전략

1장

법인사업자와 개인사업자의 선택

2장

법인사업자를 선택해야 하는 이유

3장

지분 설계, 기업의 첫 단추

4장

절세 전략은 정관에서 시작된다

Chapter 2.
돈이 남는 회사, 법인 운영 절세의 기술

1장

대표이사 소득세 부담을 줄이는 급여와 배당 설계

2장

퇴직금은 지금부터 전략적으로 설계하라

3장

기업업무추진비(접대비)

4장

업무용승용차

Chapter 3.
가업을 잇고, 자산을 지키는 상속·증여·지분 전략

1장

상속세는 회사를 삼킨다 - 예고된 리스크에 대비하라

2장

가업승계의 두 갈래 - 가업상속공제와 증여세 과세특례

3장

창업자금 증여세 과세특례, 지금 안 하면 기회는 없다

4장

가족법인, 지분을 나누고 절세를 모으다

Chapter 4.
지식재산을 이용한 회사 키우기 전략

프롤로그. IP가 회사의 무기가 될 수 있는가?

1장

브랜드를 지키는 상표·디자인 전략

2장

특허와 영업비밀, 무엇을 보호하고 어떻게 활용할 것인가?

3장

직무발명보상제도와 정관 활용법

4장

벤처기업 인증, 절세와 투자유치의 분기점

5장

기업부설연구소, 설립부터 활용까지

6장

기술을 자본으로 바꾸는 방법, 기술평가와 현물출자

7장

IP 기반 기업 성장 로드맵

에필로그. IP로 돈을 버는 기업 vs 허울뿐인 IP 보유 기업

Chapter 5.
회사를 만드는 순간부터 세무조사 리스크 관리

1장

세무조사는 왜, 누구에게 오나?

2장

세무조사의 종류와 절차

3장

세무조사, 이렇게 예방하자

4장

세목별 세무조사 사례 정리

5장

최근 세무조사 경향과 방향성

Chapter 1

회사를 만드는 순간부터 시작되는 세금 전략

1장.

법인사업자와 개인사업자의 선택

1. "법인으로 할까요, 개인으로 할까요?"

사업을 시작하거나 기존 사업을 확장하려는 많은 이들이 세무 상담에서 가장 자주 던지는 질문이 있다. 바로 "법인사업자가 나을까요, 개인사업자가 나을까요?" 하는 고민이다.

이 질문은 단순히 사업 형태를 선택하는 문제를 넘어, 앞으로의 세금 전략, 자금 운영 방식, 성장 방향성까지 좌우하는 중요한 출발점이다.

어떤 이는 "세금이 적은 쪽으로 하고 싶어요"라고 말하고, 또 다른 이는 "지금은 매출이 많지 않지만, 외부 투자나 지원 사업을 고려하면 법인으로 시작해도 괜찮을까요?"라며 미래 성장 가능성을 함께 고민한다.

결국 이 선택은 단순한 비용 비교를 넘어, 단기적인 계획과 장기적인 사업 운영 전략을 함께 고려해야 할 판단인 것이다.

2. 법인이 세금 면에서 유리한 이유 - 세율 구조 비교

세금만 놓고 보면, 일정 소득 이상부터는 법인이 절대적으로 유리하다.

개인사업자는 종합소득세를 납부하며, 최고세율 45%에 지방소득세까지 합치면 실질적으로 49.5%에 달하는 매우 높은 누진세 구조를 따른다. 즉, 소득이 많아질수록 세율도 기하급수적으로 상승한다.

법인도 누진세 구조를 따른다. 하지만 과세표준 구간이 다르고, 세율 자체가 낮게 설정되어 있다. 2억 원 이하의 과세표준에는 9%, 3,000억 원을 초과하는 구간도 최고세율이 24%에 그쳐, 개인에 비해 부담이 훨씬 낮다.

다음 표는 개인과 법인의 세율 구조를 비교한 것이다.

<table>
<tr><th>과세표준</th><th>종합소득세율</th><th>법인세율</th></tr>
<tr><td>1,400만원 이하</td><td>6%</td><td rowspan="7">9%</td></tr>
<tr><td>1,400만원~5,000만원 이하</td><td>15%</td></tr>
<tr><td>5,000만원~8,800만원 이하</td><td>24%</td></tr>
<tr><td>8,800만원~1.5억원 이하</td><td>35%</td></tr>
<tr><td>1.5억원~2억원 이하</td><td rowspan="2">38%</td></tr>
<tr><td>2억원~3억원 이하</td></tr>
<tr><td>3억원~5억원 이하</td><td>40%</td></tr>
<tr><td>5억원~10억원 이하</td><td>42%</td><td rowspan="2">19%</td></tr>
<tr><td>10억원~200억원 이하</td><td rowspan="3">45%</td></tr>
<tr><td>200억원~3,000억원 이하</td><td>21%</td></tr>
<tr><td>3,000억원 초과</td><td>24%</td></tr>
</table>

예를 들어 과세표준 2억 원이 발생한 경우,

- 개인사업자는 38%의 높은 한계세율이 적용된다.
- 반면, 법인사업자는 동일한 2억 원에 대해 9%만 과세되므로 세부담 차이는 수천만 원에 이를 수 있다.

3. 법인의 약점: 이중과세와 가지급금의 그림자

하지만 법인사업자에게도 단점은 존재한다. 대표적인 것이 이중과세다.

- 법인이 벌어들인 이익은 1차로 법인세를 납부한다.
- 이후 대표나 주주가 그 돈을 급여나 배당의 형태로 인출할 때 또 한 번 소득세를 낸다.

즉, 법인은 한 번이 아니라 두 번 세금을 내는 구조다.

또한 법인은 개인과 회삿돈을 철저히 구분해야 한다. 회사의 자금을 대표가 사적으로 사용하면 '가지급금'으로 회계 처리된다. 이는 세무상 불이익과 법적 리스크를 동시에 초래한다.

예를 들어, 가지급금에는 다음과 같은 불이익이 있다.

- 인정이자 추징
- 이자 비용 손금 불인정
- 법인 자금 유용 시, 경우에 따라 횡령죄 소지까지 발생 가능

초기 사업자들이 이러한 리스크를 우려해 법인 설립을 망설이기도 한다.

4. 법인의 전략적 장점: 소득을 '언제', '어떻게' 꺼낼지 정할 수 있다

하지만 법인은 제대로만 활용하면 엄청난 세금 전략의 도구가 된다. 핵심은 '소득을 꺼내는 타이밍과 방법'을 조절할 수 있다는 점이다.

개인사업자는 그해 벌어들인 모든 이익에 대해 종합소득세를 바로 내야 한다. 그러나 법인은 그 이익을 회사에 유보해 두고, 필요할 때마다 급여, 배당, 퇴직금 등의 형태로 분산 인출을 할 수 있다.

이 전략이 갖는 장점은 다음과 같다.

① 고세율 누진 구간을 피할 수 있다.

법인에서는 필요한 만큼만 급여나 배당으로 인출하고 나머지는 회사에 유보할 수 있으므로, 개인사업자처럼 한 해에 모든 소득이 몰려 높은 누진세율을 적용받는 상황을 피할 수 있다.

② 여러 연도에 걸쳐 분산 인출함으로써 전체 세금 부담을 낮출 수 있다.

소득을 나눠서 꺼내면 매년 낮은 세율 구간만 적용받을 수 있으므로, 장기적으로 총납부세액이 줄어든다.

③ 소득 유형별로 분산해 각종 공제제도를 최대한 활용할 수 있다.

법인은 급여, 배당, 퇴직금 등 다양한 형태로 소득을 인출할 수 있고, 각 소득 유형에는 별도의 공제제도가 적용된다.

예를 들어:

- 급여 → 근로소득공제, 연말정산 시 의료비·보험료·교육비 세액공제 등 가능
- 퇴직금 → 퇴직소득공제 및 분류과세 적용
- 배당 → 2천만 원 이하 단일세율 분리과세 및 건강보험료 절감

근로, 배당, 퇴직소득으로 분산하여 각 소득 유형별 공제제도를 모두 활용 가능하다.

이처럼 법인은 단순히 세율이 낮은 것뿐 아니라, 소득 실현 시점과 방식에 따라 세금 전략을 정교하게 설계할 수 있다는 점에서 큰 장점을 가진다.

5. 법인이 답이 되기 위한 조건: 소득 규모와 전략적 운영

법인이 무조건 유리한 것은 아니다.

- 설립 시 등록면허세, 공증비용 등 초기 비용 발생
- 매월 회계처리와 신고가 필요하며, 복잡한 경영관리 요구
- 가지급금, 명의 신탁, 세무조사 등 실무 리스크

그럼에도 불구하고 다음과 같은 조건에 해당된다면 법인을 진지하게 고려해야 한다.

- 과세표준 기준 연간 소득이 8,800만 원 이상인 경우
- 외부 투자나 자금조달 가능성이 있는 경우
- 중장기적으로 사업 확장이 계획되어 있는 경우

특히, 법인을 설립하기로 마음먹었다면 "법인부터 만들고 생각하자"가 아닌, "어떻게 운영할 것인가"가 핵심이다.

김 대표의 Q&A

Q. 개인사업자는 왜 세금 부담이 크다고 하나요?

개인사업자는 소득이 높아질수록 세율이 급격히 증가합니다. 예를 들어 1억 원의 소득이 있는 경우, 종합소득세율이 약 35%가 적용되고, 지방세까지 포함하면 수천만 원의 세금이 발생할 수 있습니다.

Q. 법인으로 하면 세율이 낮다던데, 이중과세 문제는 없나요?

이중과세라고 해서 무조건 법인이 불리한 것은 아닙니다. 오히려 어떻게 잘 설계하느냐에 따라 훨씬 유리하게 만들 수 있습니다.

개인사업자는 1억을 벌었으면 그 1억 전부에 대해 세금을 한꺼번에 내야 합니다. 그것도 누진세라서, 소득이 클수록 세금은 급격히 늘어납니다.

반면 법인사업자는 똑같은 1억을 벌었어도, 당장 필요한 생활비 정도만 빼고 나머지는 법인 안에 그냥 남겨둘 수 있습니다. 그리고 그 돈을 몇 년에 걸쳐 나눠서 꺼내면 누진세 구간을 피할 수 있습니다.

게다가 급여, 배당, 퇴직금으로 나눠서 꺼내면 각기 다른 세율과 공제가 적용되어 세금 부담이 현저히 줄일 수 있습니다.

결국 이중과세는 단순히 구조의 단점이라기보다, 사전 설계를 어떻게 하느냐에 따라 충분히 관리되고 활용 가능한 영역입니다.

Q. 세금만 생각하면 모두 법인으로 전환해야 하나요?

절대 그렇지 않습니다. 초기 비용, 행정 리스크, 복잡성 등을 고려해야 하고, 무계획한 법인 운영은 오히려 세금이 더 늘어날 수 있습니다. 성장 가능성과 이익 규모, 전략적 운영 계획이 전제되어야 법인이 유리합니다.

2장.

법인사업자를 선택해야 하는 이유

법인을 설립하면 세금 측면에서 어떤 장점이 있을까? 개인사업자와 비교해 법인사업자가 누릴 수 있는 대표적인 혜택 여섯 가지를 하나씩 살펴보겠다.

1. 법인은 세율 구조에서 절대적으로 유리하다

법인을 선택하는 가장 큰 이유 중 하나는, 개인과 비교했을 때 세율 구조 자체에서 뚜렷한 차이가 나기 때문이다.

개인사업자는 사업 소득에 대해 종합소득세를 납부하게 된다. 이 종합소득세는 전 소득을 기준으로 누진적으로 과세되며, 소득이 커질수록 한계세율이 급격하게 올라가는 구조다.

구체적으로는 다음과 같다.

1,400만 원 이하 구간에서는 6%의 세율이 적용되지만,

소득이 8,800만 원을 초과하면 곧바로 35%,
1.5억 원을 넘기면 38%,
3억 원 이상은 40%,
10억 원을 넘기면 무려 45%까지 세율이 치솟는다.

반면, 법인은 완만한 누진구조를 따르며, 최고세율 역시 24%를 넘지 않는다. 과세표준이 2억 원 이하인 구간에 대해서는 고작 9%의 세율만 부담하면 된다.

소득이 많아져도 2억 초과 200억 이하 19%,
200억 초과 3,000억 이하 21%,
3,000억 원 초과분에 대해서만 24%가 부과될 뿐이다.

세율 구조의 차이는 생각보다 훨씬 큰 결과를 만든다.

같은 소득이라도 실제 세금 부담은 수천만 원 이상 차이 날 수 있기 때문이다.

법인세율

법인의 과세표준	법인세율	누진공제
2억원 이하	9%	-
2억원~200억원 이하	19%	2천만원
200억원~3,000억원 이하	21%	4.2억원
3,000억원 초과	24%	94.2억원

소득세율

개인의 과세표준	종합소득세율	누진공제
1,400만원 이하	6%	-
1,400만원~5,000만원 이하	15%	126만원
5,000만원~8,800만원 이하	24%	576만원
8,800만원~1.5억원 이하	35%	1,544만원
1.5억원~3억원 이하	38%	1,994만원
3억원~5억원 이하	40%	2,594만원
5억원~10억원 이하	42%	3,594만원
10억원 초과	45%	6,594만원

2. 소득 인출 시기와 금액을 스스로 조절할 수 있다

개인사업자는 한 해 동안 벌어들인 이익이 전부 그해의 과세 대상이 된다. 사업 성과가 좋든 일시적인 특수 수익이든, 소득세는 무조건 발생 시점 기준으로 과세되기 때문에 예상치 못한 고세율 구간 진입으로 세금 부담이 확 늘어나는 경우가 흔하다.

반면, 법인은 다르다.

이익이 발생하더라도 그 금액을 즉시 대표자 개인의 소득으로 확정할 필요가 없다.

법인의 명의로 이익을 회사 안에 유보해 두고, 언제, 얼마만큼을, 어떤 방식으로 인출할지 대표자 스스로 선택할 수 있다.

이러한 구조는 곧 세금의 '발생 시점'을 조절할 수 있다는 뜻이다.

예를 들어, 올해 일회성 대형 수익이 발생했다고 하자. 개인사업자라면 이 수익 전체가 그해 종합소득에 포함되어 고율 과세를 피할 수 없다. 반면 법인은 그 수익을 회사 자금으로 남겨두고, 향후 몇 년에 나눠 인출하거나 재투자에 활용해 이연 효과를 줄 수 있다.

이때의 인출 방식도 다양하다.

- 생활비나 경영보상으로 급여를 받거나,
- 일정 시점에 퇴직금으로 정산하거나,
- 여유 자금은 배당 형태로 정기 분배하는 식으로 인출 수단을 나눔으로써 세율 분산과 공제 혜택을 극대화할 수 있다.

즉, 법인은 단순히 낮은 세율이 적용되는 사업 형태를 넘어, 소득 실현의 '타이밍'과 '형태'를 스스로 설계할 수 있는 구조라는 점에서 개인사업자와 가장 본질적인 차이를 가진다.

3. 소득 종류를 나누어 절세할 수 있다 – 급여, 퇴직금, 배당의 조합 전략

법인사업자의 가장 큰 절세 무기는 '소득의 형태를 선택할 수 있다'

는 데 있다. 같은 1억 원을 꺼내더라도, 어떤 방식으로 꺼내느냐에 따라 세금이 달라지는 구조라는 뜻이다.

개인사업자의 경우, 사업에서 생긴 이익은 모두 '사업소득'이라는 하나의 항목으로 분류되어 과세된다. 여기에는 별도의 소득 분산 개념이 없고, 과세는 곧바로 누진세율이 적용된 종합소득세로 이어진다.

하지만 법인은 소득을 다양한 항목으로 분리하여 인출할 수 있다. 대표자 본인에게 지급하는 급여, 향후 받을 퇴직금, 배당금 모두 서로 다른 소득 유형으로 취급되어 각각의 공제와 과세 방식이 달라진다.

1) 급여(근로소득) - 근로자 공제를 활용한 절세

대표이사가 법인의 근로자로서 급여를 수령할 경우, 일반 직원과 동일하게 근로소득공제를 적용받을 수 있다.

또한, 근로소득자는 연말정산 시 의료비·교육비·보험료·기부금 등에 대한 세액공제 혜택도 받을 수 있다. 이는 개인사업자에게는 적용되지 않는 공제 항목으로, 같은 생활비성 인출이라 하더라도 법인 급여로 받는 것이 훨씬 유리하다.

2) 퇴직금(퇴직소득) - 누진세를 피해 분류과세로 설계

퇴직금은 별도의 '퇴직소득'으로 분류되며, 이는 분류과세 + 연분연승 과세 방식으로 과세된다.

즉, 장기간 쌓인 금액을 한꺼번에 받더라도 근속연수만큼 나눠서 계산하는 방식이기 때문에 과세표준이 인위적으로 낮아지고, 결과적으로 세부담이 확연히 줄어든다.

예를 들어, 10년 근속 후 1억 원의 퇴직금을 수령하면 과세 시점에는 이를 '연 1천만 원씩 10년간 분할한 것'으로 간주하여 한 해에 몰린 고세율 과세를 피할 수 있다.

또한 퇴직소득에는 근속연수 공제가 추가로 적용되므로 같은 금액이라도 급여로 받을 때보다 훨씬 낮은 세율로 과세된다.

게다가 퇴직금은 미리 비용처리가 되는 금융상품에 적립해 둘 수 있다.

이 경우, 법인 입장에서는 매년 일부를 비용 처리하면서 향후 대표자의 퇴직금 재원으로 쓸 수 있어, 현재의 법인세 절감 + 미래의 개인소득 확보라는 두 마리 토끼를 동시에 잡는 구조가 된다.

3) 배당(배당소득) - 분리과세 한도 활용

법인이 남긴 이익은 배당의 형태로도 인출할 수 있다. 특히 연간 2,000만 원 이하의 배당소득은 14%의 원천징수세율로 분리과세가 가능하다.

이 말은 곧, 소득이 많든 적든 관계없이 2,000만 원까지는 다른 종합소득과 합산되지 않고 낮은 단일 세율로 과세가 끝난다는 뜻이다.

고소득자일수록 이 구조는 더욱 유리하다.

예를 들어, 종합소득세율이 35% 이상인 개인이 2,000만 원의 배당을 추가로 받으면 종합과세 시 700만 원 이상 세금을 낼 수 있지만, 분리과세를 활용하면 280만 원으로 끝난다.

이처럼 배당은 고소득자의 세금 구조에 '틈새'를 만들어주는 전략적 수단이 될 수 있다.

실무 적용 팁

- 퇴직금은 대표자의 근속연수에 따라 누진 혜택이 커지므로, 회사 설립 초기부터 정관에 관련 규정을 명확히 두는 것이 중요하다.
- 급여 지급 시 동일 업종 평균 대비 적정 수준 유지가 필요하다. 과도한 급여는 부당행위로 간주될 수 있다.
- 배당 전략은 지분율 설계와 맞물려야 하며, 가족 구성원에게 분산하면 절세 효과가 배가된다.

이처럼 법인은 동일한 금액을 받더라도, 어떤 방식으로 인출하느냐에 따라 세금 차이가 확연히 달라지는 구조다. 급여·퇴직금·배당의 적절한 조합은 법인 대표가 누릴 수 있는 가장 강력한 세금 전략이자, 합법적인 절세의 정수라고 할 수 있다.

소득 종류의 분산 사례

개인사업자		법인사업자	
사업소득	6~45% 종합과세	근로소득	근로소득공제, 의료비·교육비·보험료 세액공제
		퇴직소득	분류과세, 근속연수공제, 연분연승법
		배당소득	연 2천만원까지 분리과세

4. 가족에게 소득을 분산하는 전략 - 가족법인을 활용한 절세

법인을 운영하는 또 하나의 강력한 전략은, 가족 구성원을 법인의 주주나 임직원으로 참여시켜 소득을 분산하는 것이다. 이는 단순한 인건비 전략이 아니라, 누진세율을 회피할 수 있는 구조적 절세 방식이다.

개인에게 과도하게 몰린 소득은 높은 세율을 적용받지만, 가족 여러 명에게 적절히 분산하면 각자 낮은 세율 구간에서 과세되어 전체 세금 부담이 획기적으로 줄어든다.

1) 배당소득 분산의 효과 - 가족이 함께 나누면 세금이 줄어든다

예를 들어, 법인의 당기순이익 중 일부를 대표자 1인이 전부 배당으로 수령할 경우 그 금액이 크다면 금융소득 종합과세 대상자가 되어 고율의 종합소득세가 추가 부담된다.

반면 동일한 금액을 배우자, 자녀 등 가족 4명이 나누어 배당받는 구조를 만들면 각자의 소득이 2,000만 원 이하 분리과세 한도에 들어가기 때문에 14%의 원천징수세율로 과세가 종료된다.

예를 들면 이렇다.

- 대표자 1인이 8,000만 원 배당 수령 → 종합소득세율 35% 이상 구간 적용 → 건보료 상승
- 가족 4인이 각 2,000만 원씩 수령 → 전원 분리과세 14%로 종결

이처럼 동일한 법인 수익이라도 소득 귀속자를 분산하는 방식만으로 세금 구조는 완전히 달라질 수 있다.

2) 급여 분산도 가능 - 명확한 근무 실적이 관건

가족을 임원 또는 직원으로 채용하여 급여를 지급하는 것도 유효한 전략이다. 단, 이 경우에는 세무상 인건비로 인정받기 위한 요건을 반드시 충족해야 한다.

- 실질적 업무 수행
- 근로계약서, 급여지급 명세서, 출퇴근 기록 등 형식 요건 구비 필요
- 지급액은 유사업종 평균 수준을 넘지 않는 선에서 적정성 유지

특히 배우자나 성인 자녀가 실제 경영이나 운영에 참여하고 있다면, 적정한 급여를 지급하는 것은 단순한 절세를 넘어 합법적 소득 이전 수단이 된다.

3) 미성년 자녀도 주주로 가능 - 자산 이전의 출발점

많은 사업자들이 '미성년자는 주식을 가질 수 없다'고 오해한다. 하지만 상법상 주주가 되는 데 연령 제한은 없다. 부모의 동의와 필요 절차만 있으면 미성년 자녀도 법인의 주주가 될 수 있다.

이를 통해 얻을 수 있는 효과는 다음과 같다:

- 자녀에게 배당소득을 귀속시켜 자산 형성의 기회를 부여
- 자녀 명의로 소득세 납부 및 재산 축적이 가능
- 장기적으로는 가업 승계의 사전 포석으로도 활용 가능

특히 회사 설립 초기, 자본금이 적고 주식 가치가 낮을 때 미성년 자녀에게 일정 지분을 증여해 두면, 향후 회사 가치가 올라가더라도 증여세 없이 이미 확보된 지분으로 자산 이전이 이루어질 수 있다.

실무 시 주의할 점

- 급여 지급 시에는 실제 근무 사실과 급여 적정성 증빙 필수
- 자녀에게 지분을 줄 때는 증여세 공제 한도 확인 필요
- 미성년자: 2,000만 원(10년 기준), 초과 시 증여세 신고 필수
- 배당은 지분율 기준이므로, 사전에 지분 설계와 정관 검토 필요

가족법인을 활용한 소득 분산 전략은 세무상 불법이 아닌 합법적인 소득 설계이며, 누진세 구조하에서 세부담을 낮출 수 있는 가장 실효성 높은 방식 중 하나다. 가족의 실질 참여와 적절한 지분 설계를 바탕으로 하면 세금 절감, 자산 이전, 가업 승계까지 연결되는 통합 절세 전략이 될 수 있다.

소득의 귀속자 분산 사례

개인사업자	법인사업자			
	본인	배우자	자녀 1	자녀 2
사업소득	근로소득	근로소득		
	퇴직소득	퇴직소득		
	배당소득	배당소득	배당소득	배당소득

5. 미성년 자녀에게 미리 재산을 형성해 준다 - 지분 이전과 자산 축적의 전략적 시작

법인을 운영하면서 얻을 수 있는 절세 전략 중 하나는 미성년 자녀를 법인의 주주로 참여시키는 것이다. 이는 단순히 자녀 명의의 주식을 하나 쥐여주는 것을 넘어서, 장기적인 자산 이전, 가업 승계, 종합소득세 절감, 증여세 최적화까지 연결되는 복합 전략이다.

1) 설립 초기의 '저평가된 주식'은 기회다

법인을 설립하는 시점은 주식 가치가 가장 낮을 때다.

당시 자본금 외에는 이익잉여금, 영업실적, 자산가치가 없는 경우가 대부분이므로, 지분 가치는 액면가로 평가된다.

이때 미성년 자녀에게 일정 비율의 지분을 증여하면 향후 기업 가치가 급등하더라도 해당 지분은 세금 없이 이미 확보된 상태가 된다.

예를 들어, 자본금 1억 원으로 회사를 설립하면서 미성년 자녀에게 2,000만 원(20%) 상당의 지분을 증여했다고 가정하자. 이는 10년간 미성년 자녀에게 허용된 증여세 공제 한도(2,000만 원) 내에 해당하므로 증여세 없이 주식을 이전할 수 있다.

10년 뒤 회사가 성장해 기업 가치가 20억 원으로 상승하더라도 자녀는 이미 4억 원 상당의 자산을 세금 없이 확보한 상태가 되는 셈이다.

2) 증여는 끝이 아니라 시작이다 - 소득 흐름과 자산 축적

자녀에게 지분을 이전하는 순간, 그 주식은 단순히 장부상의 자산이 아니라 배당을 통해 현금흐름을 만들어내는 생산적인 자산이 된다.

회사가 매년 순이익의 일부를 배당으로 지급하면, 자녀는 자신의 지분율에 따라 배당소득을 확보할 수 있고 해당 소득은 자녀 명의로 신고, 납부, 금융자산 관리가 이루어진다.

이는 미성년 자녀가 이자·배당 등 금융 소득을 보유한 납세자로 전환되는 효과가 있으며, 장기적으로는 자산 포트폴리오의 분산과 상속세 절감 전략과도 연결된다.

실무 절차 요약 - 지분 이전과 주주 등재 방법

1. 지분 배정 시점

- 설립 시 자본금 납입과 함께 주식 배정
- 기존 법인의 경우 유상증자 또는 증여 방식으로 지분 이전 가능

2. 증여세 공제 한도 확인

- 미성년 자녀: 10년간 2,000만 원까지 비과세
- 증여 시 평가액 기준 초과 여부 판단 필수

3. 주주명부 등재 및 배당결의

- 자녀를 정식 주주로 등록하고, 주주총회에서 배당 결의
- 배당금 수령 계좌는 자녀 명의 별도 계좌 활용 권장

실무 주의사항

- 실질 증여가 아니라 명의신탁으로 판단될 수 있는 구조는 금물(예: 배당은 자녀 명의인데 실제로는 부모가 사용 → 부인될 수 있음)
- 자녀 명의 계좌 관리, 자산 운용 내역은 투명하게 구분 관리해야 함
- 향후 지분 이전 시 기업 가치 상승에 따른 세법상 기업 가치 평가가 반드시 수반되어야 함

미성년 자녀에게 지분을 이전하는 것은 단순히 '증여세를 아끼기 위한 수단'이 아니다. 그 자체로 자산을 조기에 독립시켜 주고, 세금 없는 자산 이전과 소득 흐름을 확보하는 장기 전략이다.

이 전략을 제대로 활용하려면 지분 평가 시기, 증여 시점, 배당 정책, 주주 명부 정비, 금융 계좌 운영 등 여러 요소를 종합적으로 고려한 설계가 필요하다.

증여받는 사람	10년간 증여세 공제한도
배우자	6억원
직계존속	5,000만원
직계비속	성인 5,000만원 미성년자 2,000만원
기타 친족	1,000만원

6. 법인이 주는 대외 신뢰도 – '주식회사'라는 간판이 만드는 신용과 기회

사업을 하다 보면 세금 외에도 고려해야 할 중요한 요소가 있다. 바로 외부로부터 얼마나 신뢰를 얻을 수 있느냐, 그리고 그 신뢰를 바탕으로 어떤 기회를 더 가질 수 있느냐 하는 문제다.

꼭 법인이어야만 가능한 경우는 많지 않다.

공공기관 납품, 금융기관 대출, 정부지원사업 등 대부분의 제도는 개인사업자도 참여할 수 있다.

하지만 실무에서는 같은 조건이라도 '법인'이라는 형태가 있느냐 없느냐에 따라 평가나 결과가 달라지는 경우가 많다. '주식회사'라는 간판이 주는 공식성, 조직성, 책임 구조가 거래처와 기관으로부터 보다 안정적인 파트너로 인식되게 만드는 것이다.

1) 법인은 신뢰를 만든다

- **거래처와의 관계**: 제안서나 계약서에 법인 인감이 찍혀 있는 것만으로도 "공식적인 법인과의 거래"라는 신뢰를 형성한다. 특히 규모 있는 기업이나 프랜차이즈 가맹 본사 등에서는 거래 파트너가 법인일 때 상대적으로 관리하기 편하고, 리스크가 낮다고 판단하는 경우가 많다.

- **소비자 대상 브랜드 운영**: 홈페이지, 인보이스, 명함 등에서 '주식회사 ○○'라는 명칭은 브랜드 신뢰도에 긍정적인 영향을 준다. 특히 온라인 마케팅에서 법인명의 도메인, 이메일, 사업자등록번호는 소비자 불안감을 낮추는 역할을 한다.

2) 금융기관과 정부지원 제도에서도 평가가 달라진다

금융기관이나 정부지원제도 심사 시 법인에 더 높은 점수를 부여하는 경향이 있다.

예를 들어, 같은 매출을 가진 사업자라도 법인은 기업신용등급, 실적 중심 평가, 개인은 대표자의 개인신용, 담보력 중심 평가로 진행되는 경향이 있다. 정부지원사업의 경우에도 서류 평가에서 법인사업자가 개인사업자보다 유리하다.

3) 자금 조달의 가능성이 넓어진다

개인사업자는 자기 자본 + 대출이 자금 조달의 전부다.

반면, 법인은

- 지분투자(엔젤, VC)
- 전환사채, 신주인수권부사채(BW)
- 증자 및 주주 간 계약을 통한 자본금 확충 등

다양한 형태의 외부 자금 유입이 가능하다.

기업 가치를 키워가고자 하는 비상장 중소기업 대표라면, 향후 다양한 자금 조달 수단을 활용하기 위해서라도 법인 형태를 갖춰두는 것이 바람직하다.

3장.

지분 설계, 기업의 첫 단추

- 절세 전략과 경영권 안정의 출발점

법인을 설립할 때 처음으로 마주하는 중요한 의사 결정 중 하나가 '지분을 어떻게 나눌 것인가'에 관한 문제다. 이는 단순한 비율 배분을 넘어, 향후 세금 구조, 자금 인출 전략, 자산 승계 방향성까지 좌우하는 핵심 설계 요소다. 지분 구조를 어떻게 짜느냐에 따라, 수억 원에 달하는 세금 차이와 경영권 리스크 여부가 갈릴 수 있다.

1. 절세 전략은 지분 분산에서 시작된다

지금은 1인 주주도 법인을 설립할 수 있지만, 세금 측면에서 보면 지분을 복수로 나누는 편이 훨씬 유리하다. 그 핵심 이유는 소득세가 과세표준에 따라 세율이 높아지는 누진 구조를 갖고 있기 때문이다.

한 사람이 모든 이익을 가져가면 과세표준이 높아져 고세율이 적용되지만, 여러 사람이 나눠 가지면 각자의 과세표준이 낮아져 상대적으로 낮은 세율로 과세된다.

예를 들어 연 1억 원의 순이익이 발생했을 때, 이를 한 명이 전액 배당받는다면 다른 소득이 있는 경우 최고세율인 45% 구간까지 적용될 수 있다. 반면 4명의 가족이 2,500만 원씩 나눠 배당받으면 각자 낮은 세율이 적용돼, 총세액이 최소 수백만 원 이상 줄어드는 효과가 생긴다.

이처럼 지분 분산을 통한 소득 분산은, 과세표준을 낮추고 누진세 구조를 활용함으로써 전체 세금 부담을 줄이는 합리적인 절세 전략이 된다.

2. 미성년 자녀도 충분히 주주가 될 수 있다

많은 이들이 '미성년자는 주식을 가질 수 없다'고 오해하지만, 우리 법에는 주주의 연령 제한이 없다. 미성년자도 주주가 될 수 있으며, 다만 법률 행위 시 법정대리인(대부분 부모)의 동의가 필요할 뿐이다. 따라서 실제로는 보호자가 주식 인수나 명의개서 등의 절차를 대신 진행하면 된다.

이러한 지분 분산 전략은 자녀의 연령이 어릴수록 효과가 크다. 초기 단계에서 자녀에게 주식을 보유하게 하면, 향후 회사 가치가 상승해도 그 증가분은 자녀에게 자동 귀속된다. 이는 별도의 추가 증여 없이 자연스럽게 자산 이전이 이루어지는 구조다.

예를 들어, 자녀가 5세일 때 부모가 운영하는 법인의 지분 20%를 보유했다면, 그 후 회사 가치가 수배로 증가하더라도 해당 지분에 대해서는 추가 증여세 없이 자녀가 그 혜택을 받게 된다.

이처럼 미성년 자녀의 주주 참여는 절세와 자산 이전을 동시에 실현할 수 있는 강력한 전략이다.

3. 증여세 공제 한도를 활용한 초기 지분 설계

미성년 자녀에게 지분을 넘기려면, 반드시 증여세 공제 한도를 고려해야 한다. 현행 세법상 미성년자는 10년간 2,000만 원까지 증여세 없이 재산을 받을 수 있다.

따라서 법인을 설립할 때 자녀에게 넘겨주는 지분의 가치가 이 한도 내에 있도록 설계하면, 세금 없이 지분 이전이 가능하다.

예를 들어 자본금 1억 원으로 회사를 설립하면서 자녀에게 20%의 주식을 주면, 이는 주식 가치 2천만 원으로 증여세 한도 내에 들어가므로 단 한 푼의 세금도 없이 주식을 이전할 수 있다. 단, 이전 10년간 자녀가 다른 증여를 받은 사실이 있다면 해당 금액과 합산하여 한도를 초과하지 않도록 유의해야 한다.

또한 회사의 가치가 실제 자본금보다 높은 평가를 받을 수 있는 경우(예: 기술력, 거래처, 무형자산 등), 초기 평가 금액을 보수적으로 책정해 세무 리스크를 사전에 방지할 필요도 있다.

4. 지분 분산 시 반드시 경영권 리스크도 고려하라

지분 분산이 세금 측면에서 유리하다는 점은 분명하다. 그러나 경영권 관점에서의 리스크도 간과해선 안 된다. 따라서 지분을 가족에게 분산할 때는 정관을 활용한 경영권 보호 장치를 병행해야 한다.

가장 보편적인 방법은 정관에 "이사회의 승인 없이는 주식을 외부에 양도할 수 없다"라는 내용을 명시하는 것이다. 또한, 중요 의결사항에 대해 대표에게 거부권을 부여하거나, 주주 간 계약을 통해 의결권 행사를 조정하는 방법도 있다.

세금과 경영권을 모두 고려한 지분 구조가 결국 기업의 안정성과 지속 가능성을 좌우한다.

5. 가족 중심 지분 설계의 효과

정리하면 법인 설립 시 1인 주주보다 가족들을 폭넓게 주주로 참여시키는 편이 세금 전략상 훨씬 유리하다. 가족 각각에게 급여나 배당을 지급하면서 전체 세부담을 낮출 수 있고, 사업의 성공 열매를 가족 모두가 공유하게 할 수도 있다. 또한 초기부터 지분을 분산시켜 두면 훗날 기업 가치가 커졌을 때 발생할 상속세·증여세 부담을 크게 줄이는 선제 대비가 된다. 결국 지분 설계를 어떻게 하느냐에 따라 장기적으로 수억 원 이상의 세금 차이가 날 수 있으므로, 기업의 첫 단추인 지분 구조를 꼼꼼하게 계획하는 것이 중요하다.

김 대표의 Q&A

Q. 가족에게 지분을 나누면 왜 세금이 줄어드나요?

소득세는 소득이 높을수록 세율이 높아지는 누진 구조입니다. 한 사람이 1억 원을 받으면 높은 누진세율이 적용되지만, 네 사람이 2,500만 원씩 받으면 각자의 세율은 훨씬 낮아지게 됩니다. 이처럼 지분 분산을 통한 소득 분산은 매우 효과적인 절세 수단입니다.

Q. 미성년 자녀도 주주가 될 수 있나요?

네. 미성년자도 주주가 될 수 있으며, 법적 제약은 없습니다. 단, 법정대리인의 동의가 필요하고 주식 인수, 배당 수령 등의 절차는 부모가 대신 처리해야 합니다.

회사의 성장 이익을 자연스럽게 자녀에게 이전할 수 있는 좋은 전략입니다.

Q. 자녀에게 지분을 줄 때 증여세가 발생하지 않으려면?

미성년 자녀는 10년간 2천만 원까지 증여세 없이 재산을 받을 수 있습니다. 따라서 회사 설립 시 자본금 내에서 그 한도를 넘지 않는 선에서 지분을 설정하면 세금 부담 없이 주주로 만들 수 있습니다.

Q. 가족에게 지분을 많이 주면 경영권에 문제는 없을까요?

가족 간 이해가 명확하다면 문제는 없겠지만, 장기적으로는 리스크를 대비하는 게 안전합니다. 정관에 주식 양도 제한 조항을 넣거나, 중요한 의결권에 대한 제한 조건을 명시하는 방법 등으로 경영권을 안정적으로 유지할 수 있습니다.

4장.

절세 전략은 정관에서 시작된다

법인의 정관은 회사의 조직과 운영에 관한 기본 규칙을 정해놓은 문서로, 일종의 회사 헌법이라고 할 수 있다. 정관에 정해진 사항은 상법 등 강행법규에 어긋나지 않는 한 회사 내부에서 최우선 적용된다.

법인을 설립할 때 대개 법무사를 통해 정관을 작성하지만, 이때 세무적인 관점이 충분히 반영되지 못하고 획일적인 표준 정관이 사용되는 경우가 많다. 법무사는 법률상 문제없도록 문서를 준비하지만, 세법의 최신 개정사항이나 절세 전략에 유리한 선택지는 간과되기 쉽다. 그 결과, 표준 정관 그대로 회사를 출발시키면 나중에 충분히 받을 수 있었던 세제 혜택을 놓치거나 불필요한 세금을 부담하게 되는 경우도 생긴다.

특히 중소기업은 대기업과는 다른 현실적인 세무 이슈들이 많기 때문에, 설립 단계에서부터 맞춤형 정관을 설계하는 것이 매우 중요하다. 이 장에서는 중소법인이라면 정관에 반드시 담아두어야 할 절세 전략상 핵심 조항들을 살펴보겠다.

1. 주식 양도 제한 규정 - 가족기업의 지분 방어 장치

가족이 주주로 참여하는 기업의 경우, 자녀 등 특정 주주의 지분이 외부로 유출되는 것을 막기 위해 주식 양도를 제한하는 조항을 두는 것이 좋다. 원칙적으로 주식회사의 주주는 주식을 자유롭게 처분할 수 있지만, 정관에 "이사의 승인 없이 주식을 타인에게 양도할 수 없다"라는 식의 조건을 달아놓으면 예외적으로 이를 통제할 수 있다.

이 조항이 있으면, 예컨대 미성년 자녀가 보유한 주식이 보호자의 의사와 무관하게 외부로 넘어가는 일을 막을 수 있다. 나아가, 가족 구성원 중 누군가 지분을 처분하려 하더라도, 회사나 다른 주주에게 우선 매수 기회를 주는 구조를 만들어 경영권 안정성을 높일 수 있다.

이러한 주식 양도 제한 조항은 벤처 투자계약서에서도 흔히 볼 수 있을 만큼, 기업 운영에서 실효성이 입증된 제도다. 가족이 함께 지분을 보유한 회사라면 설립 단계부터 정관에 반영해 두는 것이 바람직하다.

2. 스톡옵션 규정 - 핵심 인재 확보를 위한 인센티브 장치

스톡옵션은 핵심 인력에게 일정 수량의 신주를 인수하거나 자사주를 매입할 수 있는 권리를 부여하는 제도다. 이는 회사의 성장에 기여한 인력에게 시세 차익이라는 보상을 제공하며, 이직 방지와 장기근속을 유도하는 효과가 있다.

다만 정관에 스톡옵션에 관한 근거가 없으면 제도 자체를 시행할 수 없기 때문에, 성장 가능성이 있는 회사라면 설립 초기에 반드시 이 규정을 포함시켜야 한다.

특히 세법상 '벤처기업'으로 인정받을 경우, 스톡옵션 행사이익에 대해 연간 2억 원까지 비과세되는 강력한 혜택이 주어진다. (기존 5천만 원 → 2억 원으로 상향 조정, 2023년 세법 개정 기준)

하지만 스톡옵션은 기존 주주의 지분을 희석시키는 측면이 있으므로, 행사 한도와 대상, 조건 등을 정관상 명확히 규정해 두는 것이 바람직하다.

3. 자기주식 취득 및 소각 규정
- 지분 재편과 자본 전략의 유연성 확보

회사가 자기 주식을 취득하거나 소각하는 행위는 상법상 엄격히 제한되어 있지만, 정관에 해당 근거를 미리 마련해 두면 가능 범위 내에서 전략적으로 활용할 수 있다.

예를 들어 특정 주주의 지분을 회사가 매입하여 소각하면, 다른 주주의 지분율이 높아져 경영권이 안정된다. 이익잉여금을 활용해 자기주식을 매입함으로써 자본 구조를 조정하는 것도 가능하다.

또한, 벤처 투자자와의 계약에서 주식 환매 의무를 부담하게 될 경우, 정관에 자기주식 관련 규정이 없다면 계약 이행이 불가능해질 수 있다. 가업 승계나 투자 회수 시기에도 유연하게 대응할 수 있는 이 규정은, 단순한 문구 하나가 기업의 큰 선택지를 만들어 줄 수 있다는 점에서 반드시 포함해야 할 항목이다.

4. 중간배당 규정 – 유동적인 이익 배분을 위한 선택권 확보

기본적으로 배당은 사업연도 종료 후 정기 주주총회를 거쳐 결정된다. 하지만 정관에 "이사회 결의로 연 1회의 중간배당이 가능하다"라는 조항을 명시해 두면, 상반기 중에도 한 번 배당을 실시할 수 있다.

이는 가족이 주주로 있는 회사에서 생활자금 확보 수단으로 매우 유용하며, 배당 시기를 분산해 소득세를 줄이는 절세 수단이 되기도 한다.

물론 중간배당은 회사 유동성에 영향을 줄 수 있으므로 재무 상태를 감안하여 시행해야 하지만, '선택권이 있다'는 것 자체가 강력한 전략적 무기가 된다.

5. 현물배당 규정
- 현금 없이도 배당할 수 있는 유연한 수단

일반적으로 배당은 현금으로 지급하는 것이 원칙이다. 하지만 회사가 당장 쓸 수 있는 현금이 부족하거나, 자산을 직접 이전하는 방식으로 배당을 하고자 할 때는 '현물배당' 제도가 유용하다. 상법상 예외적으로, 정관에 근거가 있는 경우에 한해 회사는 금전이 아닌 자산(예: 부동산, 유가증권 등)을 주주에게 배당할 수 있다.

이 조항이 정관에 있으면, 회사는 특정 자산을 처분하지 않고도 주주에게 넘겨줄 수 있다. 예를 들어, 회사 소유의 건물이나 토지를 매각하지 않고 대표이사에게 직접 배당 형식으로 이전하는 방식이다. 이는 자산 매각 절차나 양도세 부담 없이도 주주가 자산을 확보할 수 있는 방법이다.

현물배당의 장점은 유동성에 있다. 회사가 보유한 자산은 많지만, 현금이 부족한 경우에도 배당을 진행할 수 있어 자금 운영에 여유를 준다. 특히 비상장기업이나 중소기업은 자산 비중이 크고 현금 흐름이 불안정한 경우가 많기 때문에, 이러한 유연성은 큰 전략적 가치가 된다.

다만, 현물배당을 실제로 시행하려면 까다로운 절차를 따라야 한다. 주주총회 특별결의를 통해 승인받아야 하며, 이전할 자산의 평가, 세무 검토, 외부감사 등의 과정도 필요하다. 특히 비상장사의 경우 자산 평가와 세금 이슈가 복잡할 수 있으므로, 사전에 전문가와 충분히 협의해 두는 것이 중요하다.

결국 정관에 현물배당 규정이 없으면 이 모든 절차를 시도조차 할 수 없다. 향후 배당 수단의 다양성을 확보하기 위해서라도, 법인 설립 단계에서 해당 조항을 정관에 포함시켜 두는 것이 필요하다.

6. 임원 보수 및 상여금 규정 - 법인세 손금 인정의 기본 요건

임원에게 지급되는 급여나 상여금은 회사의 경영 성과에 따라 책정되는 경우가 많다. 하지만 이 보상은 단순한 '의사 결정'만으로 해결되는 문제가 아니다. 법인세법상 임원 보수나 상여금이 회사 비용(손금)으로 인정받으려면, 반드시 사전에 기준이 마련되어 있어야 한다.

현행 법인세법 시행령 제43조 제2항은 다음과 같이 규정하고 있다.

법인세법 시행령 제43조 2항

법인이 임원에게 지급하는 상여금중 정관·주주총회·사원총회 또는 이사회의 결의에 의하여 결정된 급여지급기준에 의하여 지급하는 금액을 초과하여 지급한 경우 그 초과금액은 이를 손금에 산입하지 아니한다.

즉, 기준이 정해지지 않은 상태에서 대표이사에게 임의로 성과급을 지급하면, 세무상 회사 비용으로 인정되지 않아 그 금액에 대해 법인세를 더 내야 하는 상황이 발생한다.

예를 들어보자. 정관에 관련 규정 없이 대표이사에게 3천만 원의 상여금을 지급했다고 가정하자. 이 경우 전액 손금 부인되어 법인세로 수백만 원이 더 부과될 수 있다. 이는 단순히 규정 하나가 빠졌다는 이유만으로 발생하는 불필요한 세금 낭비다.

따라서 임원의 보수와 상여금에 대한 규정을 정관에 명시하는 것이 필수다. 구체적인 금액까지 명시하기보다는, 정관에는 아래와 같은 형식으로 규정하는·게 좋다.

"임원의 보수와 상여금은 주주총회의 승인을 받은 **별도의 임원보수규정**에 따른다."

이후 내부적으로 임원보수규정을 마련하여, 성과급 기준, 평가 방식, 지급 시기 등을 명확히 해두면 향후 논란도 방지할 수 있다. 이는 단순히 법인세를 줄이기 위한 목적을 넘어서, 경영 투명성과 주주 신뢰를 높이는 장치이기도 하다.

7. 임원 퇴직금 지급규정 - 대표 절세 항목, 기준 없이 주면 문제된다

퇴직금은 가장 강력한 절세 수단으로 꼽힌다. 근로소득과 달리 퇴직소득은 '분류과세' 되며, 장기근속 시 세율이 대폭 낮아지는 구조다. 회사 입장에서도 퇴직금은 전액 손금 처리 가능하므로, 임원에게 보상을 주면서 법인세도 줄일 수 있는 이상적인 구조다.

하지만 문제는 기준이다. 임의로 많은 퇴직금을 지급할 경우, 과세당국은 이를 '변칙 보상'으로 판단해 퇴직소득이 아닌 근로소득으로 보고 고율의 세금을 매긴다. 특히 고소득 임원의 경우 이러한 세무 리스크는 치명적일 수 있다.

현행 법인세법상 '적정 퇴직금 한도'는 다음의 공식으로 계산한다.

퇴직금 적정 한도 = 직전 3년 평균급여 × 근속연수 × 2배

이 범위까지만 퇴직소득으로 인정되고 낮은 세율이 적용된다. 초과하는 금액은 급여로 간주되어 높은 종합소득세율이 매겨지므로, 과도한 퇴직금을 책정해 봐야 절세 효과는 없다. 그럼에도 불구하고 이 공식 내에서라면 퇴직금은 여전히 강력한 절세 수단이다.

정관에는 "임원의 퇴직금은 별도의 퇴직금 지급규정에 따른다"라는 문구만 넣어두고, 별도 규정으로 퇴직금 산정 방식을 규정하는 것이 좋다.

이후 '임원퇴직금규정'에서 구체적으로 지급 기준과 산식을 명시해 두면 된다. 이 규정 하나로 수억 원의 세금이 좌우될 수 있다.

또 하나의 핵심은 타이밍이다. 퇴직 직전 급여 수준이 너무 낮으면, 한도 자체가 작아져 절세 효과도 줄어든다. 따라서 퇴직 2~3년 전부터는 적정 급여 수준을 유지하며, 미리 퇴직금 전략을 설계해야 한다.

8. 임원 퇴직금 중간정산 규정 - 퇴직을 안 해도 퇴직금을 받는 방법

임원 퇴직금이라고 하면 보통 완전히 퇴직할 때만 받을 수 있는 것으로 생각하지만, 필요에 따라 재직 중간에도 일부 퇴직금을 받을 수 있는 방법이 있다. 일반 직원의 경우 「근로자퇴직급여보장법」에 따라 주택 구입, 본인 및 가족의 질병 치료, 장기요양 등 일정 조건을 충족하면 재직 중에도 퇴직금을 중간정산할 수 있도록 법으로 보장되어 있다. 그러나 임원의 경우 이러한 법적 권리가 없다.

따라서 임원이 재직 중 퇴직금을 일부 수령하려면 반드시 정관이나 주주총회 특별결의를 통해 사전에 근거를 마련해야 한다. 별도 규정 없이 임원에게 퇴직금을 중간정산해 주면 세법 문제가 떠나 법률적으로 효력이 인정되지 않을 수 있으므로 주의해야 한다.

물론 빈번한 중간정산은 회사 자금 유출과 세무상 위험을 초래할 수 있으므로, 합당한 사유가 있을 때 제한적으로 활용해야 한다. 중요한 것은, 정관에 해당 규정이 없다면 애초에 시도조차 할 수 없다는 사실이다.

필요할 때 꺼낼 수 있는 '법적 장치'는 반드시 미리 준비해 두어야 한다.

이상 살펴본 것처럼, 법인 정관에 담긴 작은 문구 하나가 수천만 원의 세금을 아끼게 하기도 하고, 반대로 없으면 세금 폭탄을 불러오기도 한다. 특히 임원 퇴직금, 상여금, 배당, 자기주식, 스톡옵션 등과 관련한 사항들은 반드시 정관이나 별도의 규정으로 명문화해 두어야 한다.

또한 이러한 절세 조항들은 사전에 준비해 두는 것이 핵심이다. 이미 일을 벌인 뒤 뒤늦게 정관을 고치면, 과세당국에서 이를 세금 회피 목적의 사후 변경으로 의심할 수 있다. 따라서 처음 법인을 설립할 때부터 세무 전문가와 상의하여 절세에 최적화된 정관을 마련해 두는 것이 중요하다.

정관에 무엇을 담아야 할지 막막하다면, 위에서 살펴본 사항들을 체크리스트 삼아 하나씩 적용을 검토해 보시기 바란다. 초기에는 별것 아닌 문장처럼 보여도, 시간이 흐르면 크나큰 세금 차이를 만들어낼 조항들이다.

김 대표의 Q&A

Q. 임원 보수나 퇴직금 규정을 왜 꼭 정관에 넣어야 하나요?

세법에서 임원에 대한 보수나 퇴직금은 사전에 정한 기준에 따라 지급하라고 정하고 있습니다. 기준 없이 주는 임원 상여금은 회사 비용처리도 안 되고, 지나치게 많은 퇴직금은 퇴직소득으로 인정되지 않아 높은 종합소득세를 물게 됩니다.

하지만 정관과 내부 규정에 미리 원칙을 정해두면 이런 불이익 없이 합법적으로 절세를 할 수 있습니다. 결국 정관에 규정을 두는 것은 회삿돈을 지키는 장치라 할 수 있습니다.

Q. 정관은 나중에 필요할 때 변경해도 되지 않을까요?

변경 자체는 가능하지만 시기가 중요합니다. 세금 혜택을 받기 직전에 급히 정관을 고치면 과세당국이 이를 세금 회피 목적으로 볼 수 있습니다. 예컨대 대표 퇴직을 코앞에 두고 퇴직금 규정을 신설한다면 의심을 살 수 있겠지요. 따라서 처음부터 이런 조항을 넣어두는 것이 안전합니다. 한번 정관을 만들어두면 어지간한 일이 아니면 잘 바꾸지 않으니, 설립 시점에 여유를 가지고 절세 항목을 모두 반영해 두는 것이 가장 좋습니다.

임원보수지급규정

- 제정 : 20○○년 ○○월 ○○일
- 개정(1차) :

제1장 총 칙

제1조【목적】

이 규정은 주식회사 ○○○○(이하 "회사"라 한다)에 근무하는 임원의 급여 및 상여금에 관한 사항을 규정함을 목적으로 한다.

제2조【적용범위】

이 규정은 회사에 근무하는 임원에 대하여 적용한다. 다만, 이 규정에 없는 임원의 급여에 관한 사항은 급여규정을 준용한다.

제3조【용어의 정의】

① 본 규정에서 말하는 임원이란 회사의 이사 및 감사로서 상근인 자를 말한다.
② 연봉이란 급여조정의 기준이 되는 개인별 급여를 말한다.
③ 연봉 외 급여란 약정된 연봉 외에 별도로 회사가 개인 또는 집단에게 지급하는 급여를 말한다.

제4조【급여의 구성】

① 급여는 연봉 및 연봉 외 급여로 구성한다.
② 연봉은 기본급으로 구성된다.
③ 연봉 외 급여는 상여금, 인센티브 등이 있다.

제2장 급여 및 상여금

제5조【기본급】

각 임원의 기본급은 주주총회에서 승인된 금액의 범위 내에서 직전연도 개인별 연봉을 기초로 업적성과 등을 반영하여 이사회에서 개인별 향후 1년간의 연봉을 결정한다.

제6조【정기상여금】

① 제5조의 기본급과는 별도로 당해 연도의 상여금을 이사회 결의로써 지급한다. 이 경우 지급시기와 지급금액의 범위는 다음과 같다.

설날(구정)	여름휴가(7월 또는 8월)	추석
기본급×1/12×100% 범위 내	기본급×1/12×100% 범위 내	기본급×1/12×100% 범위 내

② 제1항에 따라 지급하는 상여금은 당해 연도 영업이익이 발생하는 경우에 한하여 지급하는 것으로 하며, 구체적인 지급액에 대한 성과평가가 있어야 한다. 이 경우 상여금을 포함한 총 보수는 정관에서 정하는 한도 금액을 초과할 수 없다.

제7조【인센티브】

① 제5조의 기본급과는 별도로 매 연도의 4/4분기에 인센티브를 이사회 결의로써 지급한다. 이 경우 지급금액의 범위는 다음과 같다.

지급금액의 범위
기본급×1/12×300% 범위 내

② 제1항에 따라 지급하는 인센티브는 매년도 초에 수립하는 경영계획에 근거하여 매출목표 등의 달성이 이루어진 경우에 한하여 지급하되 성과평가방법이 있어야 하고 당해 연도 영업이익의 30%를 초과하지 않아야 한다. 이 경우 인센티브를 포함한 총보수는 정관에서 정하는 한도 금액을 초과할 수 없다.
③ 제1항에 따른 인센티브의 지급을 위한 이사회 결의는 참석하는 모든 이사

가 만장일치로 결의하는 것으로 한다.

제8조【급여의 지급】

① 기본급은 매월 21일에 지급하는 것을 원칙으로 한다.

② 정기상여금은 매 분기별을 주기로 하여 지급하는 것을 원칙으로 한다.

부 칙(20○○년 ○○월 ○○일)

제1조【시행일】

이 규정은 20○○년 ○○월 ○○일부터 시행한다.

임원퇴직금지급규정

- 제정 : 20○○년 ○○월 ○○일
- 개정(1차) :

제1조【목적】

이 규정은 회사 임원의 퇴직금 지급에 관한 사항을 정함을 목적으로 한다.

제2조【적용범위】

① 이 규정은 회사에 계속하여 1년 이상 근무하는 상근 임원에 대하여 적용한다.

② 임원에 준하는 대우를 받더라도 별도의 계약에 의하여 근무하는 자는 그 별도의 계약에 의한다.

제3조【주관부서】

임원 퇴직금 지급에 관한 업무의 주관부서는 본사 인사부로 한다.

제4조【퇴직금의 지급방법】

① 퇴직금의 지급은 현금으로 지급하는 것을 원칙으로 한다.

② 제1항에 불구하고 퇴직한 자의 요구 또는 동의가 있는 경우 현금 외의 재산으로 지급할 수 있다.

이 경우 재산평가는 「상속세 및 증여세법」 규정에 따른 시가로 한다.

제5조【퇴직금의 산정】

가. 2011.12.31. 이전 근속기간에 대한 퇴직금

① 임원의 퇴직금 산정은 퇴직 직전 1년간의 총급여를 기준으로 다음과

같이 산정한다.

[퇴직한 날부터 소급하여 1년 동안 지급받은 총급여×1/10×근속연수×지급배수]

② 임원에 대한 근속기간별 지급배수는 다음과 같다.

직 위	지급기준	지급배수
회장, 대표이사	1년	○배수
이사 및 감사	1년	○배수

나. 2012.1.1. 이후 근속기간에 대한 퇴직금

① 임원의 퇴직금 산정은 퇴직 직전 3년간의 총급여를 기준으로 다음과 같이 산정한다.

[퇴직한 날부터 소급하여 3년 동안 지급받은 총급여의 연평균환산액(근무기간이 3년 미만인 경우에는 해당 근무기간)×1/10×근속연수×지급배수]

② 임원에 대한 근속기간별 지급배수는 다음과 같다.

[sample 1]

직 위	지급기준	지급배수
회장, 대표이사	1년	3배수
이사 및 감사	1년	3배수

[sample 2]

근속기간	지급배수
근속기간 5년 이하	1.0배
근속기간 5년 초과 10년 이하	1.5배
근속기간 10년 초과 15년 이하	2.0배
근속기간 15년 초과 20년 이하	2.5배
근속기간 20년 초과	3.0배

[sample 3]

근속기간	이사 및 감사	회장, 대표이사
근속기간 5년 이상 10년 미만	1.5배	2배
근속기간 10년 이상 20년 미만	2.0배	2.5배
근속기간 20년 이상	2.5배	3배

제6조【중간정산의 경우 퇴직금】

계속하여 근속한 임원이 퇴직하는 경우로서 「법인세법 시행령」 등 관련법령에 따른 현실적인 퇴직사유에 의한 중간정산을 한 경우에는 중간정산을 한 날(중간정산 대상 기간)의 다음 날부터 퇴직하는 날까지의 근속기간에 대하여 제5조의 규정을 적용한다.

제7조【재임연수의 계산】

① 재임기간은 선임일자로부터 실근무 종료일까지로 한다.

② 1년 미만의 기간은 월할계산하고 1개월 미만의 기간은 1개월로 계산한다.

③ 재임기간이 1년 미만이라도 월할계산한다.

부　칙(20○○년 ○○월 ○○일)

제1조【시행일】

이 규정은 20○○년 ○○월 ○○일부터 시행한다.

제2조【일반적 적용례】

이 규정은 시행 후 퇴직하는 임원에게 적용한다.

제3조【근속연수에 대한 적용례】

제5조에서 규정하는 근속연수는 해당 임원이 입사한 때로 소급하여 적용한다.

Chapter 2

돈이 남는 회사, 법인 운영 절세의 기술

1장.

대표이사 소득세 부담을 줄이는 급여와 배당 설계

법인의 대표이사는 다양한 형태로 소득을 얻을 수 있다. 회사에서 받는 급여로 인한 근로소득, 주식을 가지고 있는 출자임원이라면 회사 이익분배에 따른 배당소득, 상가나 주택을 임대하고 있다면 임대소득, 회사를 퇴사하고 받는 퇴직소득, 주식을 양도하면 양도소득 등 여러 가지 유형의 소득이 발생할 수 있다. 이런 개인의 소득을 통틀어 종합소득이라고 한다. 각각의 소득은 과세 방법과 세율이 달라지므로 어떻게 나눠 받을 것인지 효율적인 소득 설계가 중요하다.

1. 종합소득세의 이해

종합소득세는 개인이 한 해 동안 벌어들인 여러 유형의 소득을 합산하여 과세하는 제도이다. 각각의 소득에 대해 간단하게 살펴보자

1) 이자소득

금전을 빌려준 대가로 사용 기간에 비례하여 받는 소득이다.

① 예금이자, 채권이자 등이 있다.

② 일반적으로 14%로 분리과세 되나, 연간 2천만 원을 초과하면 다시 종합소득세로 정산해야 한다.

2) 배당소득

법인의 영업활동에서 얻은 이익을 주주가 투자한 비율에 따라 분배받는 소득이다.

① 주식 배당, 투자신탁 분배금 등이 있다.

② 일반적으로 14%로 분리과세 되나, 이자소득과 합산하여 연간 2천만 원을 초과하면 종합소득세로 다시 정산해야 한다.

3) 사업소득

사업자등록 여부와 무관하게 개인이 영리 목적으로 계속적·반복적으로 얻는 영업소득이다.

① 제조업, 서비스업, 건설업, 크리에이터 등 사업 수익을 뜻한다.

② 수입에서 관련 경비를 차감한 후 6~45%의 종합소득세율로 과세한다.

4) 근로소득

고용계약에 따라 노동을 제공하고 그 대가로 받는 소득이다.

① 급여, 상여금, 수당 등이 포함된다.

② 매월 급여 지급 시 급여구간별 일정액의 세금을 원천징수하며, 연말정산을 하며 최종 정산한다. 종합소득세율이지만 소득공제나 세액공제 항목이 사업소득과 비교하여 다양하다.

5) 연금소득

사전에 장기간 불입한 금액을 일정 기간 이후 수령하는 소득이다.

① 국민연금, 퇴직연금, 개인연금 등이 있다.

② 공적연금은 연말정산 또는 종합소득세로 정산하며 사적연금은 55세 이후부터 5%(80세 이상은 3%)의 저율로 분리과세가 가능하나, 연간 1,500만 원을 초과할 경우 종합소득세로 다시 과세한다.

6) 기타소득

소득세법에서 열거한 특정한 비정기적·일시적인 소득이다.

① 강연료, 원고료, 일회성 보수 등이다

② 지급 시 원천징수세율 8.8%로 선납하며, 종합소득세 신고로 정산한다.

7) 퇴직소득

퇴직 시 근속기간에 대해 일시적으로 지급받는 소득이다.

① 퇴직금, 명예퇴직금 등이 포함된다.

② 퇴직소득은 앞에서 설명한 1년 단위로 정산하는 종합소득과는 다르게 분류하여 별도로 과세하며, 근속연수로 나눈 뒤 1년분 과세표준에 소득세율을 적용하고 다시 근속연수를 곱하는 연분연승법으로 세액을 산출한다. 이로 인해 장기근속일수록 절세 효과가 커지며 보통 5~20% 세율로 과세된다.

8) 양도소득

자산을 유상으로 양도하면서 발생하는 소득이다.

① 부동산, 주식 등의 자산의 매매차익을 뜻한다.

② 퇴직소득과 마찬가지로 종합소득과는 분류하여 별도로 과세하며, 자산의 종류별로 보유한 기간에 따라 양도소득세율이 차등 적용된다.

2. 대표이사의 급여는 반드시 지급해야 하는가?

대표이사는 법인의 업무집행자이다. 법인설립 등기를 마치고 세무서에서 사업자등록까지 하고 나면 국민연금공단, 건강보험공단으로부터 급여 신고 안내를 받게 된다. 하지만 대표이사는 일반 근로자와 달리 급여 수령 여부를 선택할 수 있다는 점이 가장 큰 특징이다. 법인 설립 초기 고정비용을 절감하기 위해 급여를 지급하지 않는 경우, 대표자는 무보수확인서를 제출함으로써 4대 보험 직장가입자 등록을 유예할 수 있다.

- 6개월 미만 소급 신청 시: '법인대표자 무보수 확인서'만으로 처리 가능
- 6개월 이상 소급 신청 시: 정관, 규정, 이사회회의록 등 추가 서류 필요

※ 개인사업자는 법인과 달리 직원이 1명 이상 있으면 본인의 급여 수령 여부와 관계없이 직장가입자로 자동 가입이 된다.

3. 과세가 안 되는 급여 항목

비과세 급여 항목은 소득세가 과세되지 않을 뿐만 아니라, 4대 보험료 산정 기준이 되는 보수총액에서도 제외되기 때문에 실질적인 세금 및 보험료 부담을 줄이는 효과가 있다. 이는 기업과 근로자 모두에게 혜택이 된다.

1) 주요 비과세 항목

항목	비과세 금액 한도	비고
식대	월 20만원 이하	음식물을 제공하지 않는 경우에 한함
자가운전보조금	월 20만원 이하	본인 명의의 차량 또는 렌트·리스도 가능
출산보육수당	월 20만원 이하	자녀가 6세 이하인 경우
연구비	월 20만원 이하	기업부설연구소 연구원

통신비, 직급수당, 가족수당 제수당 등은 명칭과 관계없이 대부분 과세소득으로 보며, **경조사비, 학자금, 사택 제공** 등은 일정 요건을 충족할 경우 비과세 소득으로 인정된다.

2) 사택 및 주택구입자금 비과세(출자임원은 제외)

회사가 아래와 같은 방식으로 임직원에게 주택을 제공하거나 자금을 대여하는 경우 주식을 가지고 있는 출자임원을 제외하고는 비과세 혜택을 받을 수 있다.

① 회사가 소유한 주택을 무상 또는 저가로 제공하는 경우
② 회사가 직접 임차하여 무상으로 제공하는 주택
③ 중소기업 종업원이 주택 구입이나 임차에 소요되는 자금을 회사로부터 무상 또는 저리로 대여받는 경우의 해당 이익

※ 주의할 점은 회사가 소유한 주택과 달리 임차주택의 경우 종업원이 임차료를 일부라도 부담하게 되면 사택으로 인정되지 않아 과세가 된다는 점이다.

3) 학자금 비과세(출자임원도 가능)

비과세되는 학자금은 다음 요건을 모두 충족해야 한다. 여기서 비과세되는 학자금은 교육비 세액공제 대상에서 제외된다는 점도 기억해야 한다.

① 「초·중등교육법」 및 「고등교육법」에 따른 학교(외국 유사 교육기관 포함)와 「국민 평생 직업능력 개발법」에 따른 직업능력개발훈련시설의 비용일 것
② 회사 업무와 관련성이 있을 것
③ 사규 등 회사 지급기준에 따라 받을 것
④ 교육·훈련기간이 6개월 이상인 경우 교육기간을 초과하여 근무하지 않으면 반납하는 조건일 것

비과세 학자금 vs 과세 학자금 비교

비과세 학자금	과세되는 학자금
대학교에 납입한 학자금	사설 학원 수강을 지원하는 교육훈련비
대학원에 납입한 학자금	자녀 학자금
해외 MBA과정에 납입한 교육훈련비	요건에 맞지 않는 학비보조금 또는 연수비

이러한 비과세 항목들을 적절히 활용하면 급여 총액은 유지하면서도 실질적인 세금과 4대 보험료 부담을 줄일 수 있어, 기업의 인건비 관리와 직원 복지 향상에 효과적인 방법이 될 수 있다.

4. 급여와 배당 어떻게 받을까?

우리 주변의 중소기업들은 주주이면서 대표이사인 경우가 많다. 오너 기업인에게는 급여로 받을 것인가? 배당으로 받을 것인가? 고민하

는 질문을 많이 받게 된다. 이는 단순한 소득 수단 선택을 넘어 개인과 법인의 세금 부담, 4대 보험료, 재무 전략을 좌우하는 핵심적인 의사결정이다. 두 방식 모두 법인의 자금을 인출하는 대표적인 수단이지만 각각의 세무 특성이 다르고 회사 상황에 맞춰 신중한 접근이 필요하다.

1) 급여: 노동의 대가, 법인의 비용

급여는 법인과 대표이사 간의 고용계약(또는 임원 보수 결정)을 통해 정해지는 보수로서, 회사가 매월 일정 금액을 지급하는 형태이다.

① 개인 소득세

대표이사 개인에게는 근로소득세가 과세된다. 근로소득은 종합소득세 과세 대상이므로, 소득 구간에 따라 6%에서 최대 45%의 누진세율이 적용된다.

② 4대 보험

급여는 4대 보험(국민연금, 건강보험)의 가입 대상이다. 4대 보험 중 고용보험과 산재보험은 등기이사인 경우 제외하며, 근로자성이 있다면 가입할 수 있다. 4대 보험은 개인과 법인 모두에게 보험료 부담으로 작용한다.

③ 법인세 효과

법인 측면에서는 지급한 급여를 전액 비용으로 처리할 수 있다. 이는 법인의 과세소득을 줄여 10~22%의 법인세 절감 효과를 가져온다.

④ 세무 리스크

회사 이익에 비해 과도하게 또는 합리적인 기준 없이 또는 동일한 직위의 임원과 다르게 책정된 급여는 세무조사 시 인정이 되지 않을 수 있다. 회사 내에 정관 및 급상여 지급규정을 마련해야 하며, 지급규정에 따라 지급해야 비용으로 인정되는 것에 문제가 없다.

2) 배당: 투자의 성과, 이익의 분배

배당은 대표이사가 회사의 주주로서 지분 투자에 따른 이익을 분배받는 것을 의미한다. 법인이 영업 활동을 통해 이익을 창출하고, 주주총회에서 배당을 결의한 후 주주들에게 그 이익을 나누어 주는 형태이다. 배당은 고용 관계가 아닌 투자자의 권리로서 발생하는 소득이라는 점에서 급여와 근본적인 차이가 있다.

① 개인 소득세

주주인 개인에게는 배당소득세가 과세된다. 원천징수세율은 14%이며, 연간 배당소득이 2천만 원 이하인 경우 분리과세를 선택해 다른 소득과 합산되지 않고 종결될 수 있다.

2천만 원을 초과하는 경우, 다른 종합소득과 합산되어 누진세율이 적용되며, 이중과세 조정을 위해 그로스업(Gross-up)과 배당세액공제가 적용된다. 현재 공제율은 10%이다.

② 4대 보험

분리과세 배당소득에는 4대 보험 부담이 없다. 종합소득에 합산되는 배당소득에는 2천만 원을 차감하고 초과 금액에 대해 건강보험료(8%)가 주소지로 고지된다. 회사에서 급여신고를 하고 직장가입자로 내는 건강보험료 외에 추가 소득에 대해서도 정산하게 된다.

③ 법인세 효과

배당금은 법인의 이익잉여금을 주주에게 분배하는 것이므로, 법인세 계산 시 비용으로 처리되지 않는다. 즉, 법인세 절감 효과는 없다.

④ 지급 조건

회사가 이익을 내야만 배당이 가능하다. 이익이 없으면 배당할 수 없다.

⑤ 세무 리스크

고액의 배당은 배당 때는 소득세를 크게 고려하지 않기 때문에 예상치 못하게 개인의 종합소득세 부담을 증가시킬 수 있다.

3) 급여와 배당의 비교표

구분	급여	배당
과세 방식	종합소득세 (누진세율 6~45%)	배당소득세(14% 원천징수로 종결되나 2천만원 초과 시 종합과세)
소득세 부담	소득이 커질수록 누진세율로 부담 증가	종합소득 합산 시 누진세율 적용되나 배당세액공제(10%)가 같이 적용됨
4대 보험 부담	4대 보험료 부과 대상(사업자·근로자 절반씩 부담)	4대 보험료 없음
비용 처리 여부	법인세 계산 시 전액 비용 처리 가능	법인세 계산 시 비용 처리 불가
법인세 절감 효과	법인 과세소득을 줄여 법인세 절감 가능	법인세 절감 효과 없음
소득 분산 효과	대표 개인 소득으로 귀속되며 누진세 부담	배당도 종합소득이지만, 소득 분산 설계가 용이
법인 비용 불인정 및 가산세 리스크	임원의 급상여는 지급기준에 따라야 함	배당은 과다 여부를 따지지 않음

회사에서 연 2.4억 원(월 2천만 원)을 받고 싶으신 대표님의 급여와 배당의 시뮬레이션을 살펴보자.

A. 지급액		B. 법인세 (한계세율20.9%)	C. 종합소득세				법인,개인 총세금(B+C)		개인의 실수령액(A-C)	
지급 유형	금액		급여 소득세	배당 소득세	개인 합계	비율	금액	비율	금액	비율
급여	240,000,000		67,976,537		67,976,537					
배당										
1안) 전부 급여	**240,000,000**		67,976,537		67,976,537	28%	**67,976,537**	**28%**	**172,023,463**	**72%**
급여										
배당	240,000,000	50,160,000		46,028,459	46,028,459					
2안) 전부 배당	**240,000,000**	50,160,000		46,028,459	46,028,459	19%	**96,188,459**	**40%**	**193,971,541**	**81%**
급여	140,000,000		23,976,537		23,976,537					
배당	100,000,000	20,900,000		26,836,459	26,836,459					
3안) 급여+배당	**240,000,000**	20,900,000	23,976,537	26,836,459	50,812,996	21%	**71,712,996**	**30%**	**189,187,004**	**79%**

상기 표를 보면 급여로 모두 지급하는 것이 개인이 내는 세금과 법인이 내는 세금을 모두 합했을 때 총세금은 부담이 가장 낮은 것을 알 수 있다. 이는 급여가 법인비용으로 처리되며, 10~22%의 법인세 효과가 나타나기 때문이다.

하지만 법인이 벌어들인 전액을 대표에게 지급할 수만은 없다. 회사에 투자한 주주들은 투자수익금에 대해 배당을 받는 것이기 때문에 모든 수익을 급여로 처리한다면 과세관청이 인정하지 않을 것이다. 과세관청은 근로의 대가가 아닌 이익처분의 성격으로 지급되는 금액은 배당으로 보아 급여비용을 무조건적으로 인정하지 않고 있다.

또한 급여로 가져가는 것은 전체의 세부담은 적지만, 대표이사 개인만 고려했을 때는 종합소득세를 차감한 실수령액(가처분소득)이 배당으로 받는 소득보다 적어지는 것을 알 수 있다. 배당의 경우 법인세가 과세된 후에 받는 것에 대해 이중과세 되는 문제를 해소하기 위해 배당세액공제(10%)를 적용해 주기 때문에 개인의 입장에서는 배당으로 받는 것이 유리하게 된다. 하지만 배당은 상법상 이익잉여금이 쌓여 있는 회사에서만 집행이 가능하다.

결국, 급여냐 배당이냐는 급여는 지급기준에 맞게 합리적으로 지급하면서 배당을 적절히 믹스하여 진행하는 것이 최적의 의사 결정일 것이다.

2장.
퇴직금은 지금부터 전략적으로 설계하라

퇴직금은 단순히 직원이 퇴직할 때 지급하는 일회성 비용이 아니다. 특히 법인의 대표이사나 임원, 나아가 중소기업의 오너에게 퇴직금은 개인의 안정적인 노후 자금을 넘어, 회사의 재무 건전성과 세금 계획 전반에 걸쳐 매우 전략적인 의미를 지닌다. 많은 사업자들이 "퇴직할 때 받으면 되겠지"라는 막연한 생각으로 퇴직금 설계를 미루곤 한다. 그러나 정관과 퇴직금 지급규정을 미리 정비하고, 중간정산과 같은 제도를 전략적으로 활용하지 않는다면, 예상치 못한 큰 세금 부담을 마주하게 될 수 있다. 결국 퇴직금은 '얼마를 받느냐'보다 '어떻게 받느냐'가 훨씬 중요한 영역인 것이다.

1. 정관은 회사의 법이자 퇴직금 설계의 핵심

정관은 한마디로 회사의 '헌법'과 같은 문서이다. 주식회사라면 설립할 때 반드시 정관을 작성해야 하며, 상법이나 법인세법 등 관련 법령의 범위 안에서 회사의 규칙을 스스로 정할 수 있다. 회사의 기본적인 사항들, 예를 들어 상호, 목적, 본점 소재지, 자본금과 주식 발행 수, 주주총회 및 이사회 구성과 의결 방식, 임원의 선임·해임과 권한, 그리고 임원의 보수와 퇴직금 규정 등이 모두 정관에 명시된다.

퇴직금 설계에서 정관이 이토록 중요한 이유는, 임원에게 지급되는 퇴직금이 세법상 비용으로 인정받기 위해 반드시 법적 근거가 필요하기 때문이다. 근로기준법에 따라 1년에 30일분 이상의 평균임금이 퇴직금으로 보장되는 일반 근로자와 달리, 임원의 퇴직금은 법적으로 지급해야 하는 의무사항이 아니다. 따라서 법인세법은 임원의 퇴직금이 비용으로 인정되려면 다음 두 가지 요건을 충족해야 한다고 명시하고 있다.

첫째, 정관 또는 주주총회 결의 등으로 퇴직금 지급규정이 명확히 존재해야 한다.

둘째, 그 규정에 따른 계산 방법과 금액이 사회 통념상 타당해야 한다.

만약 정관이나 주주총회 결의를 통해 퇴직금 지급 근거를 마련하지 않는다면, 임원에게 지급한 퇴직금은 법인세 신고 시 비용으로 인정되지 않으며, 나아가 대표자 상여로 처분되어 낮은 세율의 퇴직소득세가 아닌 종합소득세로 대표이사 개인의 소득세 부담이 크게 늘어날 수 있다. 이로 인해 수천만 원에서 수억 원에 달하는 세금 폭탄을 맞는 사례가 빈번하게 발생하고 있다.

2. 명확한 퇴직금 지급규정의 필요성

임원의 퇴직금은 반드시 구체적인 퇴직금 지급규정을 명확히 해 두어야 한다. 많은 중소기업에서 별도의 규정을 두지 않고 "그때 가서 주주총회 결의로 정하면 되지"라고 안일하게 생각하는 경우가 많다. 그러나 세법은 일관된 지급 기준과 합리적인 산식(근속연수, 지급률 등)을 요구하므로, 이러한 접근은 큰 착각을 불러올 수 있다.

퇴직금 지급규정에는 다음과 같은 내용들이 구체적으로 담겨야 한다. 지급 대상은 대표이사, 이사, 감사 등 임원의 범위를 명확히 구체화해야 하며, 지급 기준은 근속연수와 지급률, 그리고 기준임금을 곱하여 산출하는 방식으로 명시되어야 한다. 이때 기준임금의 범위 또한 보수총액이나 최종 3개월 평균보수 등으로 명확히 규정해야 한다. 또한 지급 시기는 퇴직 즉시 또는 일정 기간 내 일시 지급 등으로 명시하고, 필요시 중간정산 가능 여부와 그 방법을 포함해야 한다. 마지막으로, 퇴직금의 액수와 지급 방법을 규정하여 향후 발생할 수 있는 분쟁을 사전에 방지하는 것이 중요하다.

여기서 '사회 통념상 타당성'은 매우 중요한 개념이다. 퇴직금 규정이 있더라도, 액수가 과도하면 세무상 문제가 발생할 수 있다. 세법은 지급된 퇴직금이 "사회 통념상 타당한 수준"인지 여부를 늘 살핀다. 예를 들어, 일반적으로 임원 퇴직금은 1년당 2개월분 또는 3개월분이 관례이다.

법인이 퇴직금을 이렇게 정관에 따라 지급했더라도 개인이 퇴직소득세로 적용받는 소득은 현재는 여러 차례 개정을 거쳐 현행 세법상 2개월분까지만 인정되며, 초과분에 대해서는 근로소득세로 과세된다는 것도 확인할 필요가 있다.

3. 중간정산, 절세와 현금 흐름 관리의 지혜로운 선택

중간정산은 임원이 재직 중 퇴직금의 일부를 미리 수령하는 제도이다. "퇴직금은 퇴사할 때만 받는다"라는 고정관념과 달리, 중간정산은 법인과 임원 모두에게 매우 유용한 절세 및 재무 관리 수단이 될 수 있다. 다만, 대표이사가 받고 싶은 때에 정산할 수 있는 것이 아니라 법정 사유가 정해져 있다.

① 중간정산일 현재 1년 이상 주택을 소유하지 아니한 세대의 세대주인 임원이 주택을 구입하려는 경우(중간정산일부터 3개월 내에 해당 주택을 취득하는 경우만 해당한다)

② 임원(임원의 배우자 및 생계를 같이 하는 부양가족을 포함한다)이 3개월 이상의 질병 치료 또는 요양을 필요로 하는 경우

③ 천재·지변, 그 밖에 이에 준하는 재해를 입은 경우

퇴직금은 대표이사 개인의 노후를 책임지는 중요한 자산이자, 법인의 세금 전략에 지대한 영향을 미치는 핵심 요소이다. 임원 스스로 연봉과 퇴직금을 설계하는 시대인 만큼, 정관, 상여, 퇴직금이라는 세 가지 키워드를 반드시 이해하고 철저히 준비해야 한다. "퇴직금은 퇴직할 때 정리한다"라는 생각은 더 이상 통하지 않는다. 성공적인 기업 운영과 안정적인 노후를 위해서는 퇴직금을 지금부터 전략적으로 설계하는 지혜가 필요할 것이다.

3장.

기업업무추진비(접대비)

1. 기업업무추진비란?

접대비의 목적이 사적인 접대가 아닌 기업의 통상적 업무 활동인 점을 감안하여 2023년부터 접대비의 명칭을 '기업업무추진비'로 변경하였다. 하지만 아직까지 우리에게는 '접대비'라는 용어가 더 익숙하게 들린다.

기업업무추진비란 회사가 사업과 관련하여 거래처나 이해관계자 등 특정인을 접대하거나, 그들과의 관계를 원활하게 유지하기 위해 지출하는 비용을 말한다. 이는 식사, 선물, 행사 비용 등 다양한 형태로 나타날 수 있으며, 세법상 비용으로 인정받기 위해서는 일정한 요건을 충족해야 한다.

기업업무추진비는 적절하게 분류하고 관리하지 않으면 손금불산입(비용 불인정)으로 세금이 늘어나거나, 대표이사의 부당한 비용 처리로 오인될 수 있다. 따라서 지출내역에 대한 세밀한 관리가 필요하다.

2. 기업업무추진비의 충족 요건

1) 업무 관련성

지출이 기업의 사업 활동과 밀접하게 관련되어야 한다. 사업 활동과 무관하게 지출되는 기부금과는 구분된다. 기부금과 동일한 점은 기부금도 지정된 단체의 법정영수증을 수취해야 하며, 지출금액의 한도가 있다.

2) 특정인 지출

지출의 상대방이 불특정 다수가 아닌, 거래처나 이해관계자 등 특정인이다. 이는 불특정한 모두에게 지출되는 광고선전비와 구분되는 중요한 기준이 된다.

3) 법정증빙 수취

복리후생비나 다른 경비와 구분되는 가장 큰 차이는 법정증빙이 아니면 인정이 안 된다는 것이다.

다른 경비는 사업과 관련성만 인정된다면 세금계산서, 법인카드와 같은 법정증빙을 수취하지 않았더라도 통장지출내역이나 직원카드 사용 등이 비용으로 처리될 수 있지만, 기업업무추진비는 비용처리를 할 수 없다.

예외적으로 3만 원 이하의 소액지출만(경조사의 경우 1회 20만 원 이하) 법정증빙 수취 없이 처리가 가능하며, 3만 원 초과의 금액일 경우 기업업무추진비로 인정받기 위해서는 반드시 '세금계산서, 계산서, 법인카드, 현금영수증'을 수취해야 한다.

아래 사례를 몇 개 살펴보면 기업업무추진비의 이해가 쉬울 것이다.

① 개업식 화분을 3만 원짜리를 보내는 경우 계좌이체만으로도 처리할 수 있지만, 10만 원짜리 화분의 경우 화원에 계산서를 요청하여야 한다.

② 경조사가 1회 20만 원 이하라는 것은, 만약 거래처 결혼식에 30만 원을 지출했을 때 20만 원을 초과하는 10만 원이 처리되지 않는 것이 아니라 30만 원 전액이 법정증빙 미수취로 비용처리 받지 못하고 법인세가 과세된다.

이와 달리 직원의 경조사는 기업업무추진비가 아닌 복리비로 사규 등 회사 내부 규칙으로 처리되며, 회사에서 공평타당한 기준을 적용한다면 지급 금액의 제한은 없다.

③ 대표님이 100만 원을 인출하셨는데 청첩장도 부고장도 안 가져오신다. 비용 인정이 되지 않아 법인세가 과세되며, 회사 밖으로 인출된 것이라고도 볼 수 없기 때문에 대표자 상여처분의 대상이다.

④ 출장을 간 직원이 개인카드로 고객을 접대했다. 기업업무추진비로 인정받을 수 없다.

3. 지출비용의 한도

기업업무추진비는 일반적으로 사적 비용과 구분이 모호할 수 있기 때문에 지출된 모든 금액을 인정해 주지 않으며 세법상 한도가 정해져 있다.

1) 비용 한도 계산

기업업무추진비의 비용 한도는 기본한도와 추가한도를 더해서 계산한다.

기본한도: 1,200만 원(중소기업의 경우 3,600만 원)

추가한도: 매출 규모에 비례하여 추가적으로 가산

- 매출액 100억 원 이하: 매출액의 0.3%
- 매출액 100억 원 초과 ~ 500억 원 이하: 3천만 원 + (수입금액 - 100억 원) × 0.2%
- 매출액 500억 원 초과: 1억 1천만 원 + (수입금액 - 500억 원) × 0.03%

2) 부동산임대업 법인의 한도 축소 규정

2017년부터 부동산임대업 법인은 일반기업보다 기업업무추진비 지출금액 한도가 50% 축소하여 적용됐다. 부동산임대업 법인이란 아래 세 가지 요건을 모두 충족하는 법인을 말한다.

① 지배주주 등(지배주주와 특수관계인 포함)의 지분율이 50%를 초과하고,

② 부동산 임대업을 주된 사업으로 하거나, 이자·배당소득이 매출액의 50% 이상이고,

③ 상시근로자 수가 5인 미만인 경우

※ 주의사항: 2025년 2월 28일 이후 개시하는 사업연도부터는 「조세특례제한법 시행령」 개정에 따라 부동산임대업을 주된 사업으로 하는 법인(성실확인대상 소규모법인)은 중소기업에서 제외되므로, 기본한도가 중소기업의 3,600만 원이 아닌 비중소법인의 1,200만 원을 적용받아 이에 50%인 600만 원으로 축소 적용된다. 부동산임대 가족법인으로 볼 수 있는 유형의 법인에 대한 사적 비용을 막기 위한 정책적 판단에 따른 것이다.

4. 한도를 초과한 금액의 처리

기업업무추진비가 위에서 계산된 한도를 초과하는 경우, 해당 초과 금액은 세무상 비용으로 인정받지 못하게 된다. 이로 인해 법인의 과세소득은 증가하므로 법인세가 부과된다. 주주나 임원 개인에게 귀속되는 것은 아니므로 추가적으로 개인에게 상여처분은 하지 않는다.

다만, 법정증빙 없이 지출된 기업업무추진비는 한도와 관계없이 비용처리 되지 않으며, 해당 금액의 귀속을 파악할 수 없는 것으로 보아 대표자에 대한 상여로 처분될 수 있다. 이 경우 법인세와 더불어 대표자는 근로소득세를 추가로 부담하게 되므로, 회사는 물론 대표자 개인에게도 재정적 부담이 가중될 수 있음을 유의해야 한다.

4장.

업무용승용차

2024년 12월 말 기준 우리나라 자동차 누적등록대수는 26백만 대로 인구 2명당 1대의 자동차를 보유하고 있다. 실제 주변을 둘러보면 한집에 2대 이상 차량을 보유하는 것은 쉽게 볼 수 있다. 자동차는 비교적 고가이지만 이동이 자유로워 납세자가 사업용과 비사업용을 정확히 구분하여 사용하기란 매우 어렵다. 그래서 사업자로 세금계산서를 수취하고 사업에 사용한다고 하더라도 부가가치세법상 매입세액을 공제하지 않는다.

하지만 부가가치세 10%가 공제되지 않더라도 기업에 이익이 발생하는 경우 자동차 구입 비용이나 유지 비용을 경비 처리하게 되면, 법인세와 종합소득세는 감소시킬 수 있어 사업자는 사업 관련성과 무관하게 계속적으로 승용차를 활용해 왔다.

이에 2016년부터 법인세법 및 소득세법에서 업무용승용차의 과세제도가 신설되어 승용차의 비용처리를 제한하고 있다. 명확한 사용입증을 납세자가 하게 함으로써 비용처리를 제한하여 차량비용으로 인한 절세를 구조화하는 데 목적이 있다.

1. 업무용승용차 적용 대상

구분	내용
적용 대상	모든 법인 및 복식부기의무자인 개인사업자
차량 범위	개별소비세 과세 대상 승용자동차 (우리가 알고 있는 일반적인 세단이나 SUV는 업무용승용차 규정의 적용을 받게 된다.) 제외대상: 1,000cc 이하 경차, 9인승 이상 승합차
제외 업종	운수업, 자동차판매업, 자동차임대업, 운전학원 등 차량을 직접 사용하는 경우

업무용승용차에 관련된 다음의 비용들을 모두 합하여 한도를 두어 제한한다.

- 구매차량의 감가상각비(리스료 또는 렌트료도 감가상각비 등이라 한다.)
- 유류비(주유비, 전기충전비 등)
- 보험료
- 수선비
- 자동차세
- 통행료

2. 업무용승용차 비용처리의 충족 요건

차량 취득의 구매 방식을 어떤 방식을 선택하든, 업무용 승용차 관련 금액을 비용으로 인정받기 위해서는 다음의 세법 요건을 반드시 충족해야 한다.

1) 업무 전용 자동차보험 가입

임직원 전용 자동차보험에 가입해야 한다. 미가입 시 지출금액 전액이 인정되지 않는다.

2) 운행기록부 작성

차량의 업무 사용 비율을 입증하기 위해 운행기록부를 작성하는 것이 좋다. 운행기록부 미작성 시 연간 1,500만 원까지만 비용 인정이 인정된다.

3. 감가상각 방법 및 비용 한도

1) 감가상각 방법 - 5년간 취득금액을 균등하게 강제상각

강제상각이란 다른 감가상각자산과 다르게 비용처리 시기를 선택할 수가 없고, 구입 시점부터 5년간 무조건 감가상각비용으로 회계처리한다.

2) 한도 - 1대당 차량비용 연간 1,500만 원

감가상각비를 포함한 전체 차량비용은 운행일지를 작성한 경우 업무적으로 사용한 비율만큼 인정되며, 작성하지 않은 경우 1,500만 원을 처리한다. 이 중 감가상각비는 운행기록부 작성과 무관하게 연간 800만 원으로 한도가 별도로 있으며, 부동산임대법인은 일반법인의 50%인 400만 원만 인정된다.

한도를 초과한 금액은 다음 해로 이월되며, 차량 관련 비용이 한도에 미달할 때 비로소 처리된다.

※ 부동산임대법인이란 아래 세 가지 요건을 모두 충족하는 법인을 말한다.

① 지배주주 등(지배주주와 특수관계인 포함)의 지분율이 50%를 초과하고,
② 부동산 임대업을 주된 사업으로 하거나, 이자·배당소득이 매출액의 50% 이상이고,
③ 상시근로자 수가 5인 미만인 경우

4. 임직원 전용 자동차보험

기업은 업무용 승용차를 운용할 때 반드시 임직원 전용 자동차보험에 가입해야 한다. 임직원 전용이란 운전자의 범위를 기업의 임원, 직

원, 계약상 업무 수행자로 제한한 것이며, 가족이나 제3자가 운전 가능한 보험은 인정되지 않는다.

만약 운전자를 임직원으로 한정하는 특약을 가입하지 않고 일반 보험에 가입할 경우, 차량 관련 금액이 전액 비용으로 인정되지 않아 법인세 과세 대상이 된다. 더 나아가, 해당 금액이 대표자나 임원 등의 개인적 이익으로 간주되어 상여로 소득처분되면, 법인세뿐 아니라 대표자 개인에게 30~40%에 달하는 고율의 소득세가 추가로 부과될 수 있으므로 주의가 필요하다.

실제로 차량비용은 연간 수천만 원에 달하는 경우가 많아, 이 규정을 간과하면 상당한 세부담이 발생할 수 있다. 2016년 제도가 신설된 후 몇 년간은 관리가 잘 되지 않거나 부주의로 인해 불필요하게 과세된 사례가 적지 않았다.

특히 국세청의 검증 시스템은 점점 정교해져, 차량번호와 보험 가입 여부를 전산으로 대조할 수 있는 수준에 이르렀다.

따라서 업무용 승용차의 보험 가입은 요건을 철저히 이행하는 것이 매우 중요하다.

5. 운행기록부

운행기록부에는 차량별로 사용자, 운행일자, 목적지, 주행거리, 업무목적 등이 기재되어야 하며, 자체 관리양식이나 전자기록(앱, 엑셀 등)도 가능하다.

구분	요건
작성 면제 기준	연간 차량 관련 비용 1,500만원 이하(법인·개인 동일)
작성 의무	연간 1,500만원 초과 시 업무사용 비율 산정 필요
업무용 금액	총비용 × 업무주행거리 ÷ 총주행거리(업무사용비율)
미작성 시	한도 초과 금액은 비용처리 불가

운행기록부를 예를 들어 설명하면 연간 차량비용이 3,000만 원인데 운행기록부의 업무사용비율이 80%라면 2,400만 원까지 인정되지만, 운행기록부를 안 썼다면 1,500만 원까지만 인정되는 식이다.

업무용승용차 운행기록부

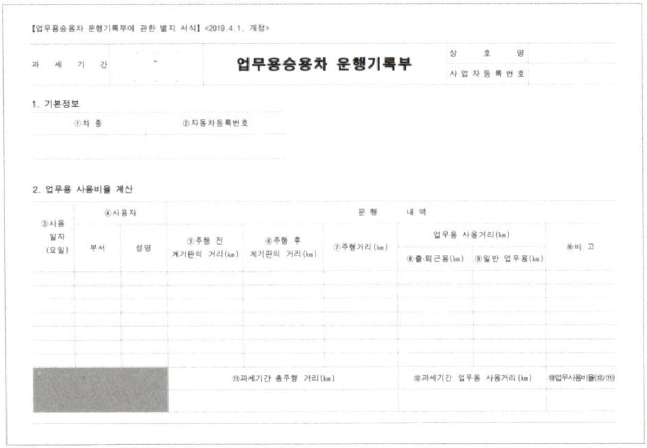
【업무용승용차 운행기록부에 관한 별지 서식】 <2019.4.1. 개정>

과 세 기 간	~	업무용승용차 운행기록부	상 호 명	
			사 업 자 등 록 번 호	

1. 기본정보

①차 종	②자동차등록번호

2. 업무용 사용비율 계산

③사용 일자 (요일)	④사용자		운 행 내 역					
	부서	성명	⑤주행 전 계기판의 거리(㎞)	⑥주행 후 계기판의 거리(㎞)	⑦주행거리(㎞)	업무용 사용거리(㎞)		⑩비 고
						⑧출·퇴근용(㎞)	⑨일반 업무용(㎞)	

	⑪과세기간 총주행 거리(㎞)	⑫과세기간 업무용 사용거리(㎞)	⑬업무사용비율(⑫/⑪)

6. 어떤 선택이 더 유리할까?

업무를 하다 보면 대표님들께 가장 많이 받는 질문 중 하나가 회사에서 차를 구입할 때지 않을까 싶다. "일시불, 할부, 리스, 렌트… 어떤 게 제일 유리한가요?" 주위에서 말하는 사람마다 내용이 다르고 선택지가 많다 보니 고민이 될 수밖에 없다.

결론부터 말하면 세금 혜택 측면에서는 세 가지 방식 모두 업무용 승용차 관련 세법 규정(감가상각비 연간 800만 원 한도, 운행일지 작성, 운전자는 임직원 전용 보험)을 동일하게 적용받기 때문에 큰 차이가 없다. 따라서 유리함의 판단은 세금보다는 회사의 자금 상태, 차량 관리의 편의성, 차량 소유에 대한 개인 선호도, 이자비용의 계산 등에 따라 달라진다.

1) 자기 차량(일시불 또는 할부)이 유리한 경우

① 차량의 완전한 소유권을 원할 때: 차량을 직접 소유하면 언제든 매각이 가능하고, 사용 방식에도 제약이 없다.

② 재무제표상 실물자산 규모를 키우고 싶을 때: 차량이 회사의 실물자산으로 잡히기 때문에, 재무제표상 자산 규모를 확대하는 효과가 있다. 반대로 일부 할부로 구입하여 미지급금액이 남아있는

경우 부채도 같이 증가시키는 요인이 된다.

③ 주행 거리가 매우 길거나 짧은 경우: 리스나 렌트는 연간 약정 주행 거리가 있지만 자기 차량은 이러한 제약이 없다.

사례) A법인은 8천만 원짜리 승용차를 현금 구매 후 업무용으로 사용(참고로 2024년부터 법인자금의 사적유용을 막기 위해 8천만 원 이상의 법인차량은 연두색 번호판으로 부착하여 시인성이 한층 좋게 하였다.)

회계상 비용처리한 감가상각비는 16백만 원이나(취득금액/5년) 세법상 감가상각비 한도는 연간 800만 원으로 한도초과분 8백만 원은 비용처리 되지 않고 이월된다. 5년이 지난 뒤 회사 감가상각비용이 더 이상 없을 때 8백만 원이 비용으로 산입되므로 해당 차량은 10년에 걸쳐 비용처리된다.

2) 리스가 유리한 경우

① 차량 소유와 유사한 만족감을 원하지만, 초기 목돈 부담은 줄이고 싶을 때: 일반 번호판을 사용하고, 계약 만기 시 인수를 통해 소유할 수 있다.

② 재무제표상 부채로 인식되는 것을 원치 않을 때: 운용리스는 차량 관련 금액이 기업의 자산, 부채로 기록되지 않고 매월 납부하는 리스료만 비용처리가 된다. 따라서 재무 비율에 아무런 영향을 주지 않는다. 금융리스의 경우 캐피탈 채무가 부채로 잡히므로 신용도에 영향을 준다,

③ 차량 모델이나 옵션 선택의 폭을 넓게 가져가고 싶을 때: 렌트보다 차량 모델이나 옵션 선택의 폭이 더 넓다.

사례) B법인은 1.5억 원 상당의 차량을 4년 운용리스 계약 체결

리스료 연간 3천만 원 중 차량가치 상당액(감가상각비 상당액)만 한도(연 800만 원) 적용되어, 2천만 원은 다음 해로 이월되고, 이월된 금액은 계약기간 종료 또는 리스료 납부가 종료된 이후부터 8백만 원씩 비용에 산입되어 20년 이상의 처리 기간이 걸리게 된다.

3) 렌트가 유리한 경우

① 관리의 간소화를 중시할 때: 월 렌탈료에 차량 보험료, 자동차세, 정비 비용 등이 모두 포함되어 있어, 차량 관리에 드는 시간과 노력을 줄일 수 있다.

② 사고 발생 시 부담을 줄이고 싶을 때: 사고가 발생하더라도 보험료 할증 부담이 렌터카 회사에 전가되므로, 자차 보험료 할증 걱정 없이 운행할 수 있다.

③ 초기 비용 부담을 최소화하고 싶을 때: 보증금 없는 상품을 선택하면 초기 목돈 지출 없이 차량을 이용할 수 있다.

④ 재무제표에 부채로 인식되는 것을 원치 않을 때: 운용리스와 마찬가지로 렌탈료만 비용처리 되며, 재무제표상 부채로 인식되지 않아 재무 비율에 영향을 주지 않는다.

⑤ 차량 감가상각 및 처분 부담을 피하고 싶을 때: 차량 소유권이 렌터카 회사에 있으므로, 차량 가치 하락에 대한 부담이나 만기 시 차량 처분에 대한 고민을 할 필요가 없이 간편하다.

사례) C법인은 월 80만 원 렌탈료로 SUV 장기렌트 계약

연 렌탈료 총 960만 원은 1,500만 원 이하이므로 운행일지를 작성하지 않아도 전액 비용이 인정되고, 렌탈료의 70%인 672만 원은 감가상각한도 800만 원 이내로 감가상각비도 초과 없이 전액 비용처리 된다.

7. 구매/리스/렌트 비교 요약표

구분	구매(일시불/할부)	금융리스, 운용리스	렌트
개념	차량을 직접 소유하고 비용 전액 지불	리스사가 차량을 매입 후 장기 대여(금융상품)	렌터카 회사가 차량을 매입 후 장기 대여 서비스
차량 소유 명의	사용회사 명의	리스회사 명의	렌터카회사 명의
번호판	일반 번호판	일반 번호판	렌터카 번호판(하, 허, 호)
초기 비용	차량가 전액 일시불 또는 선금/할부	보증금 또는 선수금 필요(계약 조건에 따라 다름)	보증금 또는 선수금 필요(계약 조건에 따라 다름)
월 납입금	할부금 (할부 시 이자)	리스료 (차량가, 금리 등 포함)	렌탈료 (보험, 세금, 정비 포함)
보험 처리	운전자가 직접 가입	운전자가 직접 가입	렌터카 회사에서 일괄 가입
정비 관리	운전자가 직접 관리	운전자가 직접 관리	렌터카 회사에서 일괄 관리
세금 납부	취득세, 자동차세, 유류세 직접 납부	리스료에 포함 또는 별도 납부	렌탈료에 포함하여 납부
회계 처리	자산계상 및 감가상각비 처리 (자산, 부채 인식)	운용리스는 리스료 비용처리 (자산·부채 인식 안 됨)	렌탈료 비용처리 (자산·부채 인식 안 됨)
비용·세무 유불리	감가상각 한도 연 800만원 (초과분 이월)	리스료 93% 정도 차량가치에 해당하는 부분은 감가상각 한도 800만원 적용	렌탈료의 70%는 감가상각 한도 800만원 적용

Chapter 3

가업을 잇고, 자산을 지키는 상속·증여·지분 전략

중소기업의 창업주나 최대주주는 “내 회사와 재산을 다음 세대에 잘 물려줄 수 있을까?”라는 고민을 항상 가지고 있다. 따라서 미리 상속·증여 계획을 세우지 않으면, 상속·증여세 부담 때문에 회사의 존립이 위태로워지거나 평생 일군 기업과 소중한 자산을 지키지 못하는 안타까운 상황에 처할 수도 있다.

이번 챕터에서는 기업 오너와 자산가분들께서 가업을 승계하고 자산을 보전하는 데 필요한 전략들을 사례를 중심으로 심층적으로 다루고자 한다. 본 내용은 다음과 같은 네 가지 핵심 주제로 구성되어 있다.

✔ **상속세 리스크 진단**
✔ **가업 승계를 위한 두 가지 세제 혜택**
✔ **창업자금 특례 제도**
✔ **가족법인을 활용한 자산 승계 및 절세 방안**

복잡하게만 느껴지는 세법 조항도 쉽게 풀어 설명했으며, 지금 바로 적용할 수 있는 실용적인 전략과 팁을 가득 담았다. 이러한 내용들을 통해 효과적인 승계 전략을 모색하는 데 도움이 되기를 바란다.

1장.

상속세는 회사를 삼킨다 - 예고된 리스크에 대비하라

"만약 저에게 갑자기 무슨 일이 생긴다면, 우리 회사는 어떻게 될까요?" 아마 대부분의 중소기업 창업주라면 한 번쯤 이러한 질문을 떠올려 보았을 것이다. 결론부터 말씀드리자면, 충분한 대비 없이 진행되는 상속은 기업의 존립 자체를 위협할 수 있는 심각한 위험 요소가 될 수 있다.

우리나라의 상속세율은 최고 50%에 이르며, 특히 중소기업이 아닌 경우 최대주주의 주식에 20%의 할증평가가 적용되어 실질적인 세부담이 60%에 육박하게 된다.

상속세율은 다음과 같다.

과세표준	세율	누진공제
1억원 이하	10%	
1억원 초과 ~ 5억원 이하	20%	1천만원
5억원 초과 ~ 10억원 이하	30%	6천만원
10억원 초과 ~ 30억원 이하	40%	1억 6천만원
30억원 초과	50%	4억 6천만원

이처럼 상속세는 미리 예고된 위험이며, 이에 대한 철저한 대비가 없다면 어렵게 일궈온 기업이 흔들릴 수도 있다. 본 장에서는 대표적인 사례들을 통해 상속세 리스크를 면밀히 살펴보고, 성공적인 승계를 위해 무엇을 준비해야 할지 함께 고민해 보고자 한다.

1. 상속세 리스크 진단: 기업에 무슨 일이 벌어지는가?

상속세 리스크는 기업에 치명적인 영향을 미칠 수 있다.

1) 사례 A(비상장 중소기업)

창업주 갑작스러운 별세 후 27억 원의 상속세가 부과되자, 유족은 현금 부족으로 회사 지분 33%를 물납했다. 이로 인해 경영권이 약화되고 대출이 어려워져 결국 폐업하게 되면서 30여 명의 직원이 일자리를 잃었다.

2) 사례 B(화학 제조기업)

창업주 사후 30억 원의 상속세가 부과되자, 자녀들은 세금 마련을 위해 공장 일부를 매각하고 직원 20%를 구조조정했다. 핵심 자산 매각으로 기업 경쟁력이 저하되고 매출이 급감하여 현재까지 회복하지 못하고 있다.

상속세 주식 물납 후 문 닫은 기업

(단위=개)

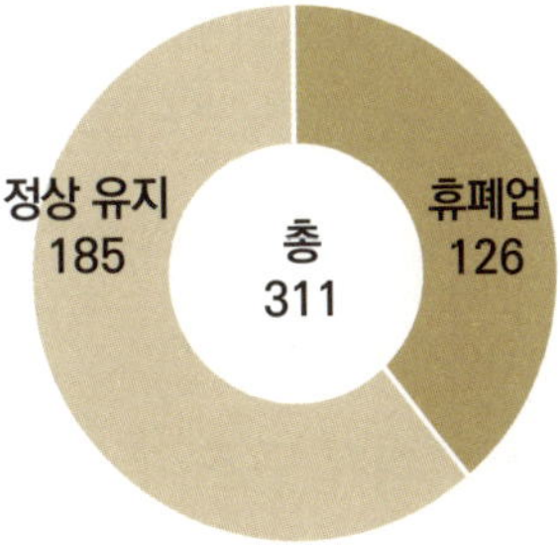

*1997~2024년 9월 기준. 자료=박수영 국민의힘 의원

이러한 사례들은 상속세가 경영권 상실, 핵심 자산 처분, 기업 경쟁력 약화 등 막대한 희생을 초래할 수 있음을 보여준다. 국내 락앤락, 한샘과 같은 대기업들도 상속세 부담으로 지분 매각을 통해 경영권이 가족의 손을 떠난 바 있다. 이건희 삼성 회장 유족과 LG 구광모 회장 역시 거액의 상속세 납부를 위해 주식 담보 대출이나 연부연납을 진행하며 지배구조가 흔들릴 위험에 직면하기도 했다.

상속세 부담에 따른 경영권 매각 사례

회사	업종	매각 연도
까사미아	가구	2018
유니더스	고무의류	2017
락앤락	밀폐용기	2017
농우바이오	종자	2013
쓰리세븐	손톱깎이	2008

자료: 한국경영자총협회

결론적으로, 상속은 언젠가 반드시 닥칠 위험이며, 이에 대한 철저한 대비 없이는 기업의 존립 자체가 위태로울 수 있다.

2. 왜 세금이 그렇게 많이 나올까?
- 비상장주식 평가와 지분구조 문제

비상장주식 상속은 높은 세율과 복잡한 평가 방식 때문에 큰 리스크를 안고 있다.

1) 높은 평가액과 세금

중소기업도 오랜 사업 운영으로 자산과 이익이 쌓이면 비상장주식의 평가액이 크게 증가한다. 세법상 주식 가치는 순자산가치와 순이익가치를 기반으로 산출되며, 특히 이익잉여금이 많거나 자산가치가 높을 경우 예상보다 높은 평가액이 산정된다. 중소기업은 이익을 배당 대신 재투자에 활용하는 경우가 많아 주식 가치가 계속 상승하며, 창업주 사망 시 이 전체 평가액에 최고 50%의 상속세가 부과된다. 이는 현금 유동성이 부족하더라도 '부자 기업'으로 간주되어 거액의 세금을 내야 하는 상황으로 이어지며, 결국 기업 지분이나 핵심 자산을 처분하게 만드는 원인이 된다.

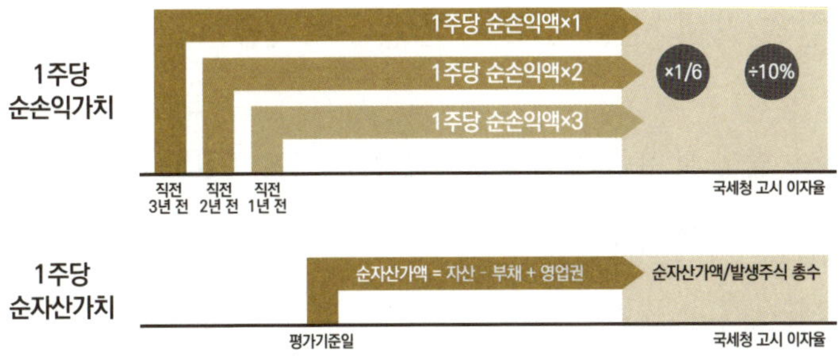

1주당 평가액 = Max[(1주당 순손익가치 ×3 + 1주당 순자산가치 ×2)/5, 1주당 순자산가치 ×80%] 〈2017. 2. 7. 개정〉

※ 영업권 평가액 = 〈평균순이익 × 50% - 자기 자본 × 10%) × 3.7908

※ 예외적인 경우

1) 부동산 과다보유법인(총자산 대비 부동산 비율이 50% 이상): **순손익가치에 2, 순자산가치에 3의 가중치** 적용
2) 부동산 비율이 80% 이상 법인, 사업 개시 3년 미만 법인: **순자산가치 100%**로만 평가
3) 3년 연속 결손인 법인: **순자산의 80%**로 평가(과거 순자산 100%로 평가)

2) 지분 구조 및 상속인 간 분쟁

중소기업 가업 승계 시 상속인 간 지분 분할로 인한 경영권 분산 및 분쟁이 흔히 발생한다. 자녀가 여럿인 경우 지분을 나누어 상속하면 의사 결정이 어려워지고 경영권 다툼으로 이어질 수 있다. 특정 자녀에게 경영권을 집중시키려 할 경우, 다른 상속인들의 유류분 청구 등 법적 문제가 발생할 수 있다. 따라서 상속세와 가족 간 지분 배분 문제를 미리 파악하고, 유언이나 사전 증여, 상속 공동 경영 계약 같은 법적 장치를 통해 대비책을 마련하는 것이 중요하다.

3. 상속 발생 시 겪게 되는 현실적 어려움

상속 발생 시 유족과 회사는 짧은 기간 내에 복잡한 절차와 막대한 세금 납부 문제를 해결해야 한다.

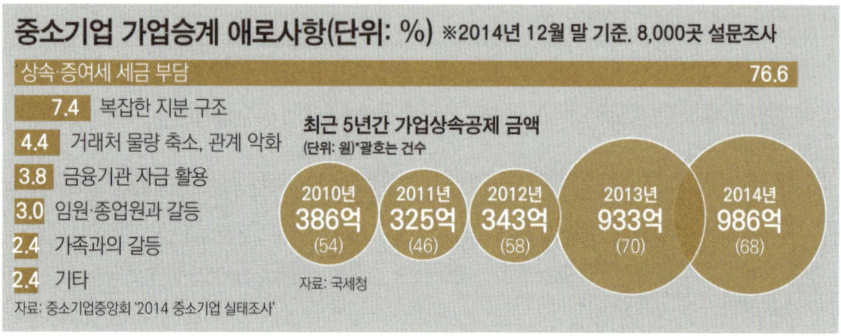

1) 촉박한 신고·납부 기한

상속 개시일(사망일)로부터 6개월 이내에 상속세를 신고하고 납부해야 하므로, 기업 지분 승계와 세금 문제를 신속하게 처리해야 하는 부담이 크다.

2) 상속세 재원 마련의 어려움

① 주식 물납

현금 부족 시 정부에 주식을 물납할 수 있으나, 이 경우 정부가 주주가 되어 경영권 불안정을 초래할 수 있다.

② 주식 담보 대출

주식을 담보로 대출을 받을 수도 있지만, 지분 분산이나 미성년 상속인이 있을 경우 절차가 복잡해지고 대출 이자 부담이 추가된다.

③ 연부연납

상속세를 최장 10년(가업상속은 최장 20년)간 분할 납부하는 연부연납 제도가 있지만, 매년 상당한 이자 부담이 발생하며, 급하게 자산을 매각할 경우 제값을 받지 못하는 손실이 발생할 수 있다.

3) 상속 이후의 세무 이슈

① 상속으로 인한 기업 지배구조 변경(대표이사, 주주 변동) 시 필수적인 세무 신고 및 복잡한 세무 관리가 요구된다.

② 명의신탁 주식이 드러날 경우 증여 의제로 과세당국의 추징을 받을 수 있어 주의가 필요하다.

결론적으로, 상속은 상속세 신고·납부부터 기업 지배구조 정비, 장기적인 세무 관리까지 단기간에 처리해야 할 업무와 잠재적 위험 요소가 매우 많습니다.

4. 예고된 리스크, 지금부터 대비하라

많은 기업인들이 상속세 부담에 대해 우려하지만, 현행 세법 내에서도 합법적으로 세금 부담을 줄일 수 있는 방안들이 마련되어 있다. 정부는 가업 승계를 지원하기 위해 상속세 부담을 경감하는 제도를 운영하고 있으며, 대표적으로 다음 장에서 다룰 가업상속공제와 가업승계 증여세 과세특례가 있다.

다만, 이러한 제도들은 까다로운 요건을 충족해야 하므로, 모든 기업에 적용되는 것은 아니다. 만약 해당 제도 대상이 아니거나 요건을 갖추기 어렵다면, 가족법인을 설립하여 지분 구조를 재편하거나 단계적인 상속 대비를 하는 등 기업 상황에 맞는 다른 해결책을 모색해야 한다.

가장 중요한 것은 충분한 시간을 두고 미리 준비를 시작하는 것이다. 전문가들은 창업주가 70세 이전에 승계 플랜을 가동하는 것이 바람직하다고 조언한다.

이 장에서 살펴본 사례와 문제점들을 바탕으로, 대표님의 기업이 직면한 상속 리스크를 진단해 보기 바란다. 회사의 자산가치와 예상 상속세 규모, 경영 승계자 및 지분 배분 계획, 세금 납부 재원 마련 방안 등을 미리 고민하는 것이 중요하다. 다음 장부터는 이러한 리스크에 대비하기 위한 구체적인 방안, 특히 가업상속공제와 증여세 과세특례에 대해 자세히 알아보겠다.

2장.

가업승계의 두 갈래
- 가업상속공제와 증여세 과세특례

가업 승계 방법은 크게 두 가지로 나눌 수 있다. 상속 시 세금을 줄여주는 가업상속공제와 생전에 미리 지분을 물려주는 가업승계 증여세 과세특례이다. 이 두 제도는 중소·중견기업의 원활한 가업 승계를 지원하여 상속세 또는 증여세 부담을 크게 줄여줄 수 있다.

1. 가업상속공제 - "기존 사업을 물려받을 때 상속세 감면"

가업상속공제(상속세 및 증여세법 제18조의2)는 부모의 사업체를 자녀가 이어받을 경우 상속세를 줄여주는 제도이다. 상속재산 중 가업 부분에 대해 일정 금액을 공제하여 상속세 과세가액에서 제외하는 파격적인 혜택을 제공한다. 다음은 가업상속공제를 받기 위한 주요 요건에 대해 살펴보겠다.

1) 공제 한도

피상속인의 경영 기간에 따라 최대 600억 원(30년 이상 경영 시)까지 공제된다.

1. 피상속인이 10년 이상 경영: 300억 원
2. 피상속인이 20년 이상 경영: 400억 원
3. 피상속인이 30년 이상 경영: 600억 원

2) 혜택의 핵심

공제 한도 내에서 상속되는 가업재산가액 100%까지 상속세 과세가액에서 제외할 수 있어, 상속세 부담을 '0원'으로 만들 수도 있다.

이러한 가업상속공제를 적용받기 위해서는 다음 요건을 모두 충족해야 한다.

1) 피상속인(부모) 요건

1. 상속개시일 현재 거주자
2. 10년 이상 동일 업종으로 기업 계속 운영
3. 중소·중견기업으로서 직전까지 피상속인 포함 최대주주 등 지분 40% 이상(상장법인은 20%) 보유
4. 대표이사 재직 기간 등 조건 충족

Q. 의류 제조업에서 식품 제조업으로 업종을 변경하는 경우, 의류 제조업 영위 기간도 가업기간으로 인정받을 수 있나요?

「통계법」 제22조에 따라 통계청장이 작성·고시하는 표준분류표상 **동일한 대분류(제조업) 내의 업종으로 주된 사업을 변경**하는 경우에도 가업을 유지한 것으로 인정하므로 **의류 제조업의 영위기간을 합산**하는 것입니다.(상증령 제15③(1)나목)
예: (제조업)음료 → (제조업)자동차 부품: 대분류 내 업종변경으로 영위기간 **합산**
(도매업)의류 → (제조업)의류: 대분류 간 업종변경으로 영위기간 **합산 불가**

Q. 제조업은 10년 이상 영위하였지만 부업종으로 도매업을 추가한 후 5년이 경과한 경우, 가업상속공제가 가능한가요?

둘 이상의 서로 다른 사업을 영위하는 경우 업종 전부를 10년 이상 경영하여야 하는 것이 아니라, **가업상속 대상기업의 주된 사업(제조업)을 기준**으로 판단하므로 가업상속공제가 가능합니다.(기획재정부 재산세제과-70, 2021. 01. 21.)

Q. 8년간 대표이사로 재직 후, 대표이사직에서 물러난 후 재취임하여 5년간 대표이사로 재직한 경우 가업상속공제가 가능한가요?

연속된 10년 이상이 아니라 가업영위기간 중 대표이사로 재직한 기간을 **통산하여 10년 이상을 의미**하는 것으로 가업상속공제가 가능합니다.
(기준-2021-법령해석재산-0024, 2021. 02. 24.)

Q. 가업상속공제를 적용받기 위해서 사망 시까지 회사를 경영해야 할까요?

피상속인이 "상속개시일 현재" 가업에 종사하지 아니하였더라도 가업상속공제를 적용할 수 있는 것으로 해석을 변경하였습니다.
(기획재정부 조세법령운용과-571, 2022. 05. 30.)
※ 종전에는 경영에서 물러난 이후 사망으로 상속이 개시되는 경우 가업상속공제를 적용받지 못하는 것으로 해석하였으나, 기재부 예규 변경.

2) 상속인(자녀) 요건

1. 만 18세 이상(비거주자도 가능)
2. 상속 개시 전 2년 이상 해당 가업에 종사
3. 상속 후에도 계속 경영(상속세 신고기한까지 임원 취임, 신고기한부터 2년 이내 대표이사 취임 등)

Q. 가업을 3명의 자식에게 공동상속 가능한가요?

1개 가업을 공동상속하는 경우 각각의 자녀가 대표자로 취임하는 등 **가업승계 요건을 충족한 자의 승계지분**에 대해 가업상속공제를 적용하는 것입니다.
(2017-상속증여-2203, 2018. 02. 21.)
※ 종전에는 상속인 1명이 해당 가업의 전부를 상속받은 경우에만 가업상속공제를 적용하였으나, '16. 02. 05. 이후 상속개시되는 분부터 상속인 1명이 가업의 전부를 상속받아야 하는 요건이 폐지됨으로써 공동상속이 허용됨.

Q. 2개 이상의 가업을 자녀 2명에게 각각 상속하는 경우 가업상속공제 가능한가요?

각각의 자녀가 상속인 요건을 모두 갖춘 경우에 공제금액 한도 내에서 **가업 모두에 대해 가업상속공제를 적용받을 수 있습니다.**(서면-2016-상속증여-3616, 2016. 05. 17.)

【가업상속 개정연혁】

구 분	2011. 1. 1. 이전	2011~2016. 2. 4.	2016. 2. 5. 이후
피상속인	부모 모두 가능	부모 중 1명만 가능	
상속인	1명만 가능		2명 이상 가능

【가업승계 증여 개정연혁】

구 분	2010. 12. 31. 이전	2011~2019.	2020. 1. 1. 이후
증여자	부모 모두 가능	부모 중 1명만 가능	
수증자	2명 이상 가능	1명만 가능	2명 이상 가능

※ 1개 가업을 부모가 공동경영하고 가업 요건을 모두 갖추었다고 가정.

3) 기업(가업) 요건

1. 중소기업 또는 중견기업(자산총액 5천억 원 미만, 직전 3년 평균 매출 5천억 원 미만 등 규모 제한)
2. 제조업, 서비스업 등 허용 업종(금융업, 부동산 임대업 등 일부 제외)

Q. 응급환자이송에 대한 용역수입이 전체의 40%, 산불진화용역 28%, 화물운송용역 17% 등 여러 가지 다른 사업을 영위하는 경우 업종요건은 어떻게 판단하나요?

둘 이상의 서로 다른 사업을 영위하는 경우에는 사업별 사업수입금액이 큰 사업(응급환자이송)을 주된 사업으로 보고 10년 이상 계속하여 상증령 별표에 따른 업종을 주된 사업으로 영위한 경우 가업상속공제 적용 가능합니다.
(서면-2019-상속증여-4227, 2021. 03. 30.)

Q. 100% 지분을 보유하는 해외법인의 매출액을 포함하면 5천억 원을 초과하지만 포함하지 않으면 5천억 원 미만인 경우 가업상속공제를 받을 수 있나요?

중견기업이 100% 지분을 보유하는 종속기업의 매출액을 포함하여 기업회계기준에 따라 연결재무제표를 작성하여야 하는 경우에도 상증법에 따른 중견기업 매출액 기준 판단 시에는 **종속기업의 매출액은 포함하지 않는 것입니다.**
(서면-2017-법령해석재산-0299, 2017. 04. 12.)

4) 가업상속 재산 요건

【가업상속재산가액】

개인가업	법인가업
가업에 직접 사용되는 사업용 자산 - 해당 자산에 담보된 채무	주식·출자지분 × [1 - (사업무관자산가액/총자산가액)]

【사업무관자산(상속개시일 현재)】

① 법인세법 제55조의2(비사업용토지 등)에 해당하는 자산

② 법인세법 시행령 제49조(업무무관자산) 및 타인에게 임대하고 있는 부동산

③ 법인세법 시행령 제61조①2호(대여금)에 해당하는 자산

④ 과다보유현금(상속개시일 직전 5개 사업연도말 평균 현금 보유액의 150% 초과)

⑤ 법인의 영업활동과 직접 관련이 없이 보유하고 있는 주식 등, 채권 및 금융상품(과다 보유현금 제외)

Q. 상속받은 주식 중 10,000주는 피상속인이 10년 이상 보유, 5,000주는 10년 미만 보유한 경우 가업상속공제 대상이 되는 주식은 몇 주인가요?

가업상속에 해당되는 법인의 경우 해당 법인 주식 중 피상속인이 **직접 10년 이상 보유하지 않은 주식에 대해서도 가업상속공제가 적용되어 15,000주 모두 가업상속공제 가능합니다.**(기획재정부 조세법령운용과-10, 2022. 01. 05.)

※ 종전에는 10년 이상 보유한 주식만을 공제대상으로 해석하였으나, 기재부 예규 변경.

Q. 임직원대여금(가지급금)이 가업상속재산에 해당하나요?

특수관계인에게 해당 법인의 업무와 관련 없이 지급한 **임직원대여금**(가지급금)은 「상속세 및 증여세법 시행령」 제15조제5항제2호에 따른 **사업무관자산**에 해당하는 것입니다.(서면-2020-법령해석재산-2768, 2020. 10. 15.)

Q. 피상속인으로부터 차입한 가수금을 법인이 정기예금으로 보유하고 있는 경우 동 정기예금이 가업상속공제 시 사업무관자산에 해당하나요?

법인이 보유하고 있는 **만기가 3개월 이내인 금융상품**은 현금에 포함하여 **과다보유현금 해당 여부를 판단**하는 것이며, **만기가 3개월 초과하는 금융상품**은 **사업무관자산**에 해당하는 것입니다.(서면-2018-상속증여-2569, 2018. 10. 31.)

5) 사후관리 요건(공제 후 5년간 유지)

1. 상속인이 대표이사로 계속 재직 및 지분율 유지
2. 가업용 자산의 40% 이상 처분 금지
3. 1년 이상 휴·폐업 금지
4. 주된 업종 변경 금지
5. 5년간 정규직 근로자 수 및 총급여액이 기준의 90% 이상 유지

가업상속공제 사후요건 검토표

<table>
<tr><th>검토 항목</th><th>검토 내용</th><th colspan="2">적격 여부</th></tr>
<tr><td>1. 사후관리기간 경과 여부(사후관리기간: 5년)</td><td></td><td rowspan="4">경과
□</td><td rowspan="4">미경과
□</td></tr>
<tr><td>㉮ 상속개시일</td><td>. .</td></tr>
<tr><td>㉯ 정당한 사유로 인한 미종사 기간
(병영의무 이행, 질병의 요양, 취학상 형편 등 정당한 사유로 가업 미종사 시 해당 기간만큼 사후관리기간 연장)</td><td>. .
~ . .</td></tr>
<tr><td>㉰ 사후관리기간 종료예정일</td><td>. .</td></tr>
<tr><td>2. 가업용 자산 기준 이상 처분(임대 포함) 여부</td><td></td><td rowspan="5">적
□</td><td rowspan="5">부
□</td></tr>
<tr><td>㉮ 상속개시일 현재 가업용 자산가액</td><td>원</td></tr>
<tr><td>㉯ 가업용자산 중 처분자산가액</td><td>원</td></tr>
<tr><td>㉰ 가업용자산의 처분비율(40% 이상 처분 금지)</td><td>%</td></tr>
<tr><td>㉱ 정당한 사유 유무</td><td></td></tr>
<tr><td>3. 가업 종사 여부</td><td></td><td rowspan="5">적
□</td><td rowspan="5">부
□</td></tr>
<tr><td>㉮ 상속세 신고기한부터 2년 내 대표이사 취임 여부</td><td></td></tr>
<tr><td>㉯ 가업의 주된 업종 변경 여부
(중분류 내 업종변경 허용 등 상증령 제15조)</td><td></td></tr>
<tr><td>㉰ 가업을 1년 이상 휴업(무실적 포함) 또는 폐업 여부</td><td></td></tr>
<tr><td>㉱ 정당한 사유 유무(상속인 사망 등)</td><td></td></tr>
<tr><td>4. 상속인 지분 감소 여부</td><td></td><td rowspan="5">적
□</td><td rowspan="5">부
□</td></tr>
<tr><td>㉮ 가업상속 후 상속인 지분</td><td>%</td></tr>
<tr><td>㉯ 사후관리기간 중 상속인 지분</td><td>%</td></tr>
<tr><td>㉰ 상속인의 지분 감소 여부</td><td></td></tr>
<tr><td>㉱ 정당한 사유 유무
(상증령 제15조⑧3에 해당하는 지분감소의 경우 사후의무 위반 아님)</td><td></td></tr>
<tr><td>5. 고용요건 충족 여부(근로자 수 기준과 총급여액 기준 중 선택 가능)</td><td></td><td rowspan="4">적
□</td><td rowspan="4">부
□</td></tr>
<tr><td>㉮ 상속개시 직전 2개 사업연도 말 정규직 근로자 수(총급여액) 평균</td><td>명
(원)</td></tr>
<tr><td>㉯ 상속개시된 사업연도 말부터 5년간 각 사업연도 말 정규직 근로자 수(총급여액)의 전체 평균</td><td>명
(원)</td></tr>
<tr><td>㉰ 5년간 정규직 근로자 수(총급여액) 비율</td><td>%</td></tr>
<tr><td>6. 조세포탈 또는 회계 부정행위로 징역형 또는 「주식회사 등의 외부감사에 관한 법률」 제39조1항에 따른 죄에 해당하지 않을 것</td><td></td><td>적
□</td><td>부
□</td></tr>
</table>

Q. 기존 지분 18%와 가업상속받은 지분 76%를 합한 94%를 보유하던 중 사후관리 기간 중 기존주식(5%) 처분으로 상속인 지분율이 감소한 경우 지분유지 요건 위반에 해당하나요?

상속인이 **상속개시일 전 보유한 기존주식을 처분**하는 경우로서 처분 후에도 **최대주주 등에 해당**하는 경우에는 가업상속공제 **사후관리 위배에 해당하지 않습니다.**
(사전-2020-법령해석재산-0930, 2020. 11. 30.)

Q. 상속인이 피상속인의 가업 사업장에서 정규직 근로자로 근무하던 중 가업을 상속받은 경우 기준고용인원과 기준총급여액 계산 시 상속인도 포함되나요?

상속개시 전부터 가업기업에서 정규직 근로자로 근무한 가업상속인은 **기준고용인원을 계산할 때 정규직 근로자 수에 포함**되나 **기준총급여액 계산 시에는 제외**되며, **정규직근로자수의 평균 계산 시에는 가업기업의 대표자가 된 날이 속하는 월부터 정규직근로자수에 포함되지 않는 것**입니다.(서면-2022-법규재산-0547, 2023. 03. 15.)

즉, 가업상속공제의 핵심 요건은 '10년 이상 경영한 중소·중견기업을 자녀가 2년 이상 종사 후 상속받아 5년 이상 계속 운영'하는 것이다. 따라서 허용되지 않는 업종이거나, 자녀가 어리거나, 피상속인이 건강 등의 이유로 오랜 기간 해외에 거주 중인 사유, 가업상속 후 고용 및 업종 유지 등 요건 충족 등으로 가업상속공제를 받는 것이 쉽지만은 않다.

참고로 2020년대 들어 세법개정을 통해 사후관리 기간은 5년으로 단축, 업종 변경 범위는 표준산업분류 내 중분류에서 대분류로 확대 등 일부 요건들이 점차적으로 완화되고 있으나, 여전히 높은 수준의 관리가 요구된다.

중소기업 최대주주에게 가업상속공제는 그 중요성이 매우 큰 제도이다. 이 제도는 요건을 충족할 경우 최대 600억 원에 달하는 상당한 공제 혜택을 제공하므로, 반드시 철저히 준비해야 한다.

성공적인 가업승계를 위해서는 먼저 기업이 해당 제도를 활용할 수 있는지 미리 점검하는 것이 중요하다. 또한, 자녀를 회사에 합류시켜 가업 관련 경력을 쌓게 하고, 대표이사 승계 계획을 수립하는 등 다각적인 사전 준비가 필요하다. 경우에 따라서는 정관 변경, 사업 조정을 통한 허용 업종 운영, 법인 분할, 또는 업종 전환 전략을 고려할 수도 있다. 기업 가치가 공제 한도를 초과하는 경우에는 일부 사업이나 자산을 분리하여 가치를 조정하는 방안도 모색해 볼 수 있다.

그러나 가업승계는 단순히 세금 부담을 줄이는 것을 넘어, 기업의 존속과 발전, 그리고 가족의 미래를 결정짓는 매우 중요한 과정이다. 만약 제대로 준비되지 않는다면, 경영권 분쟁, 내부 갈등, 경영 공백 등이 발생하여 기업 경쟁력이 크게 약화될 수 있다. 이는 나아가 직원들의 고용 불안정이나 매출 감소로 이어질 위험도 있다. 또한, 가족 간의 불필요한 분쟁을 방지하고, 가문의 화목과 기업의 지속가능성을 확보하는 데에도 가업승계는 필수적인 요소이다.

따라서 체계적이고 충분한 준비를 통해 가업승계를 실행하는 것은 단지 세금 문제를 넘어 기업과 가족 모두의 미래를 지키는 전략적인 선택이라 할 수 있다. 이를 위해서는 충분한 시간 확보가 필수적이며, 가업상속공제는 최대주주인 부모의 사망 시에만 적용된다는 한계가 있다. 이는 공제 시기를 미리 정할 수 없다는 단점이 있다. 이러한 이유로 가업승계 여부를 보다 적극적으로 판단하고 준비하는 과정에서 가업승계 증여세 과세특례 제도를 활용하는 것이 현명한 선택이 될 수 있다.

2. 가업승계 증여세 과세특례 –"생전에 지분을 물려줄 때 세율 인하"

가업승계 증여세 과세특례(조세특례제한법 제30조의6)는 부모가 운영 중인 중소/중견기업 경영자의 고령화에 따라 생전에 자녀에게 가업을 계획적으로 사전 상속할 수 있도록 지원하기 위하여 가업주식을 증여하는 경우 600억을 한도로 10억 원을 공제 후 10%, 20%의 저율로 증여세를 과세하는 제도이다. 이는 가업상속공제가 '사후 상속세 감면' 방식인 것과 달리, '사전 증여세 감면' 방식이라 할 수 있다. 이 제도를 통해 자녀에게 미리 지분을 넘겨주면서 세금 부담을 크게 줄일 수 있으며, 가업승계를 조기에 실행할 수 있다는 장점이 있다.

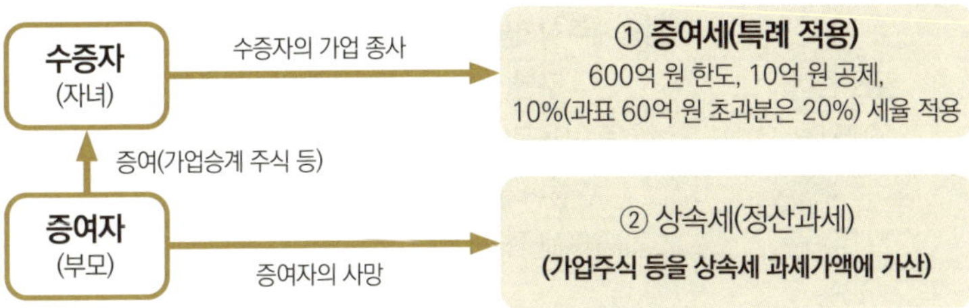

이 특례의 핵심은 부모(만 60세 이상)가 자녀(만 18세 이상)에게 중소·중견기업 지분을 증여할 경우, 증여재산가액에서 10억 원을 공제하고 나머지 금액에는 일반 증여세율(최고 50%) 대신 낮은 특례 세율을 적용한다는 점이다.

과세표준	특례 세율
60억원 이하	10%
60억원 ~ 600억원	20%

부모의 경영 기간에 따라 최대 600억 원까지 특례 적용이 가능하여 상당한 규모의 지분까지 혜택을 받을 수 있다. 예를 들어, 부모가 가업을 10년 이상 경영했다면 최대 600억 원어치 주식을 자녀에게 증여 시 10%, 20%의 저율로 과세된다. 100억 원 주식 증여 시, 일반 증여세는 증여가액의 역 50%에 달하지만, 특례 적용 시 10억 원 공제 후 60억 원까지는 10%, 나머지 90억 원은 20% 세율만 적용되어 세액이 크게 줄어든다.

가업승계주식가액 100억원일 경우		
일반 증여	**구분**	**가업승계주식 특례 적용**
100억원	① 증여세 과세가액	100억원
(0.5억원)	② 증여공제	(10억원)
99.5억원	③ 증여세 과세표준	90억원
50% (누진공제 4.6억원)	④ 세율	10% (60억원 초과분은 20%)
45억 1,500만원	⑤ 산출세액	12억원
1억 3,545만원	⑥ 신고세액 공제	-
43억 7,955만원	⑦ 자진납부 세액	12억원

이러한 가업승계 증여 특례를 적용받기 위해서는 다음 요건을 모두 충족해야 한다.

1) 증여자(부모) 요건

1. 만 60세 이상
2. 10년 이상 해당 가업(중소·중견기업)을 경영한 최대주주(특수관계인 합산 지분율 40% 이상(상장사 20%) 및 일정 기간 대표이사 재직 요건 포함)

2) 수증자(자녀) 요건

1. 만 18세 이상 거주자
2. 증여세 신고기한 내 해당 회사에 종사
3. 증여 후 3년 이내 대표이사 취임 필수

3) 기업(가업) 요건

1. 중소기업 또는 중견기업으로서 특정 업종(자산총액 5천억 원 미만, 매출 5천억 원 미만 등 규모 제한)
2. 최대주주로 10년 이상 보유 등의 조건

4) 사후관리 요건

1. 3년 이내 대표이사 취임 및 취임 후 최소 5년간 대표이사 지위 유지
2. 5년간 업종 유지 및 1년 이상 휴·폐업 금지
3. 증여받은 주식 5년 내 처분 또는 지분율 하락 금지
4. 요건 위반 시 감면받은 증여세 및 이자 가산세로 납부

가업승계 증여세 사후요건 검토표

검토 항목	검토 내용	적격 여부	
1. 사후관리기간 경과 여부(사후관리기간: 5년)		경과 □	미경과 □
㉮ 증여일	. .		
㉯ 정당한 사유로 인한 미종사 기간 (병영의무 이행, 질병의 요양, 취학상 형편 등 정당한 사유로 가업 미종사 시 해당 기간만큼 사후관리기간 연장)	. . ~ . .		
㉰ 사후관리기간 종료예정일	. .		
2. 가업 종사 여부		적 □	부 □
㉮ 증여일부터 3년 내 대표이사 취임 여부			
㉯ 증여일로부터 5년까지 대표이사 유지 여부			
㉰ 가업의 주된 업종 변경 여부(대분류 내 업종변경 허용 등 상증령 제15조)			
㉱ 가업을 1년 이상 휴업(무실적 포함) 또는 폐업 여부			
3. 수증자 지분 감소 여부		적 □	부 □
㉮ 증여일 현재 수증인 지분	%		
㉯ 사후관리 기간 중 수증인 지분	%		
㉰ 수증인의 지분 감소 여부			
㉱ 정당한 사유 유무 (조특령 제27조의6⑦에 해당하는 지분 감소의 경우 사후의무 위반 아님)			
4. 조세포탈 또는 회계 부정행위로 징역형 또는 「주식회사 등의 외부감사에 관한 법률」 제39조1항에 따른 죄에 해당하지 않을 것		적 □	부 □

Q. 부모로부터 각각 주식을 증여받는 경우 모두 가업승계 증여세 과세특례를 적용 받을 수 있나요?

가업을 승계한 후 가업의 승계 당시 「상속세 및 증여세법」 제22조제2항에 따른 **최대주주 또는 최대출자자에 해당하는 자**로부터 **증여받는 경우에는 적용되지 않는** 것입니다.(서면-2020-상속증여-0694, 2020. 06. 03.)

Q. 부친이 가업 주식 전부를 증여한 후 사망으로 상속이 개시되는 경우 피상속인 주식 보유요건을 제외한 가업상속 요건을 갖춘 경우 가업상속공제가 가능한가요?

피상속인이 보유한 가업의 주식 등 전부를 증여해서 주식보유요건을 충족하지 못하는 경우에도 **상속인이 증여받은 주식 등을 상속개시일 현재까지 피상속인이 보유한 것으로 보아** 가업상속공제가 가능합니다.(조특령 제27조의6⑨1단서조항)
※ '20. 02. 11. 이후 증여자(피상속인)가 모든 주식 증여 후에도 가업상속공제 적용 가능.

이 요건들은 가업상속공제와 유사하지만, 기간 계산 기준일이 사망 시점인지 생전 증여 시점인지에 차이가 있다. 따라서 부모와 자녀가 가업상속공제 요건을 충족한다면, 예측하기 어려운 상속 시점을 기다릴 필요 없이 증여를 통해 가업승계를 미리 진행할 수 있다는 것이 가업승계 증여세 과세특례의 핵심적인 이점이다.

가업승계 증여특례의 가장 큰 장점은 경영권 승계를 앞당길 수 있다는 점이다. 부모가 생전에 지분을 넘겨 자녀가 조기에 기업을 이끌게 함으로써 창업주의 경영 노하우 전수와 세대교체 리스크를 줄일 수 있다. 또한, 기업 가치 상승이 예상될 때 낮은 가치로 미리 증여하여 향후 발생할 수 있는 상속세 부담을 효과적으로 줄일 수 있기에 세금 측면의 이점도 크다.

하지만 이 특례에는 단점도 존재한다. 부모는 지분과 경영권을 조기에 넘겨야 하므로 심리적 부담이 따르며, 자녀의 준비 부족 시에는 신중한 검토가 필요하다. 또한, 부모의 과도한 경영 간섭은 가족 갈등으로 이어질 수 있어 충분한 합의와 준비가 필수적이다. 아울러 증여 시점에 자녀가 증여세를 납부해야 하므로 이에 대한 자금 계획도 필요하다.

주의할 점으로는, 특례로 증여받은 주식은 부모 사망 시 증여한 시점과 관계없이 상속재산에 포함된다는 것이다. 다만, 이미 납부한 증여세는 상속세에서 공제되어 이중과세는 발생하지 않는다. 또한, 상속 시점에 가업승계 요건을 만족한다면 특례로 증여받은 주식은 가업상속공제 적용 여부를 선택할 수 있다. 즉, 부모 생전에 가업승계 증여특례를 통해 가업을 승계받고 부모 사망 시 가업상속공제를 통해 가업승계 여부를 다시 결정하게 된다.

가업승계 관련 세제 혜택을 CEO 관점에서 전략적으로 활용하기 위한 방안은 다음과 같다.

먼저, 현재 회사가 가업상속공제 요건을 충족하기 어렵거나 상속세 부담이 클 것으로 예상된다면 가업승계 증여세 과세특례를 우선적으로 검토해야 한다. 특히 자녀가 이미 경영 능력을 갖추었거나 승계가 시급한 상황이라면 증여특례를 통해 지분을 조기에 이전하는 것이 유리하며, 이는 당장 세금을 부담하더라도 장기적으로 전체 세부담을 줄이는 효과가 있다.

다음으로, 가업상속공제 조건을 맞출 수 있는 경우에도 두 제도를 비교 검토하는 것이 중요하다. 기업 가치가 공제 한도 이내라면 상속을 기다리는 것이 유리할 수 있지만, 회사 가치가 크게 초과하거나 성장 전망이 크다면 증여특례로 일부 지분을 미리 이전해 세부담을 분산하는 전략이 효과적이다. 자녀가 여럿인 경우, 경영 승계자에게 증여특례로 지분을 집중하고 다른 자녀들에게는 다른 재산을 배분하는 맞춤 전략도 가능하다.

또한, 증여특례 활용 시에도 엄격한 사후관리 요건(경영 안정, 지분 유지 등)을 충족해야 하므로 철저한 계획이 필수적이다. 증여세 납부 재원 마련도 중요한데, 부모 개인 자산 활용이나 자녀에게 추가 증여, 연부연납 등을 고려해야 한다.

마지막으로, 가업승계 관련 정책 동향을 지속적으로 주시하고, 복잡하고 중요한 사안인 만큼 반드시 세무 및 법률 전문가와 충분히 상담하여 기업의 특성과 가족 상황에 맞는 최적의 승계 전략과 시점을 선택하는 것이 바람직하다.

3. 두 제도의 비교와 선택 가이드

가업상속공제와 가업승계 증여세 과세특례는 모두 가업을 다음 세대에 이어갈 때 발생하는 세금 부담을 덜어주는 중요한 제도이다. 하지만 적용 시기와 방식에 차이가 있어, 기업의 상황에 맞는 전략적인 선택이 필요하다. 주요 비교 사항은 다음과 같다.

<table>
<tr><th colspan="3">구 분</th><th>사후 가업상속</th><th>사전 가업승계</th></tr>
<tr><td rowspan="10">가업상속승계</td><td colspan="2">대상</td><td>중소기업
중견기업(매출액 5천억 미만)</td><td>중소기업
중견기업(매출액 5천억 미만)</td></tr>
<tr><td colspan="2">한도</td><td>최대 600억원
(가업영위기간) 10년 300억원, 20년 400억원, 30년 600억원</td><td>최대 600억원
(가업영위기간) 10년 300억원, 20년 400억원, 30년 600억원</td></tr>
<tr><td colspan="2">기본공제</td><td>-</td><td>10억원</td></tr>
<tr><td colspan="2">세율</td><td>상속세율(10~50%)</td><td>과세표준 120억 이하: 10%, 120억 초과: 20%</td></tr>
<tr><td colspan="2">피상속인 요건 (증여자)</td><td>최대주주 & 지분 40%
(상장 20%) 이상 10년 보유</td><td>최대주주 & 지분 40%
(상장 20%) 이상 10년 보유</td></tr>
<tr><td rowspan="5">사후관리</td><td>기간</td><td>5년</td><td>5년</td></tr>
<tr><td>업종</td><td>대분류 내 변경 허용</td><td>대분류 내 변경 허용</td></tr>
<tr><td>고용</td><td>근로자수(총급여) 5년 평균 90% 유지</td><td>없음</td></tr>
<tr><td>자산</td><td>40% 이상 처분 금지</td><td>없음</td></tr>
<tr><td>지분</td><td>상속받은 지분 유지</td><td>증여받은 지분 유지</td></tr>
<tr><td colspan="3">납부유예</td><td>납부유예 선택 가능(중소기업)</td><td>납부유예 선택 가능(중소기업)</td></tr>
<tr><td colspan="3">연부연납</td><td>20년(10년 거치 10년 납부) 적용</td><td>15년 적용</td></tr>
</table>

그렇다면 CEO는 어떤 경우에 어떤 제도를 택하는 것이 좋을까? 몇 가지 상황별로 살펴보자.

1) 기업이 안정적이고 창업주 건강이 양호한 경우

기업이 안정적이고 창업주가 건강하며 자녀의 승계 준비 시간이 충분하다면, 가업상속공제를 목표로 준비하는 것이 유리하다. 부모가 계속 경영권을 유지하며 자녀를 서서히 육성한 뒤, 상속 시 공제를 적용받는 전략이다.

2) 창업주가 고령이거나 건강상 문제가 있는 경우

시간 여유가 없는 상황에서는 상속공제 요건 충족이 어려울 수 있으므로, 증여세 과세특례 활용을 검토해야 한다. 갑작스러운 상속에 대비해 지분을 자녀에게 이전해서 가업승계 증여 특례를 적용받는 것이 더 안전하며, 경영권 이전의 연착륙 효과를 기대할 수 있다.

3) 기업 가치가 매우 커서 공제 한도(600억 원)를 초과하는 경우

가업상속공제 한도를 초과하는 기업은 가업상속공제를 적용하더라도 세금이 부담될 수 있다. 이때는 증여세 특례와 가업상속공제를 병행하는 복합 전략을 고려해야 한다. 가업상속공제한도 초과분에 대해 자녀에게 미리 증여하여 부담을 분산하는 방식으로, 사전 계획이 필수이다.

4) 가업승계 자녀가 여러 명인 경우

가업을 특정 자녀에게만 승계한다면, 승계자에게만 증여세 특례를 적용해 지분을 집중하고 다른 자녀들에게는 다른 자산을 배분하는 전략이 가능하다. 자녀들이 공동으로 가업에 참여한다면, 두 명 이상이 각자 특례를 적용받을 수도 있지만, 공동 경영은 추후 분쟁 가능성이 있으므로 사전에 충분한 합의가 필요하다.

가업상속공제와 가업승계 증여세 과세특례 중 무엇을 적용할 것인가는 기업 규모, 창업주 건강, 자녀 준비 정도 등 여러 요소를 고려한 전략적으로 결정해야 한다. 두 제도 모두 요건이 까다롭고 수년간 준비가 필요하므로, 미리 방향을 정하고 실행 계획을 세우는 것이 중요하다. 특히 가업승계 증여세 특례는 세금 부담은 줄이지만 경영권을 일찍 넘겨야 하므로 심리적·가족 간 리스크가 동반될 수 있다.

전문가 컨설팅을 통해 회사 재무제표, 지분 구조, 자녀 역할 등 제반 상황에 대한 종합 진단을 통해 맞춤형 가업승계 플랜을 수립하는 것이 바람직하다. 국세청이나 중소벤처기업부의 가업승계 컨설팅을 활용하는 것도 좋은 방법이다.

다음 장에서는 가업 승계와는 다른 '창업자금 증여세 과세특례'를 알아보겠다. 이는 자녀 창업 지원을 위한 증여세 혜택 제도이다.

3장.

창업자금 증여세 과세특례, 지금 안 하면 기회는 없다

정부는 청년 창업 활성화를 위해 부모가 자녀에게 창업 자금을 증여할 때 파격적인 세제 혜택을 제공한다. 이것이 바로 "창업자금에 대한 증여세 과세특례"(조세특례제한법 제30조의5)이다. 이 제도를 활용하면, 성인 자녀에게 최대 50억 원(10명 이상 신규 고용하는 경우 100억 원)까지 창업 자금을 10%의 낮은 세율로 증여할 수 있다.

1. 자녀 창업 지원, 증여세 확 깎아준다

창업자금 증여세 과세특례(조세특례제한법 제30조의5)는 만 60세 이상 부모가 만 18세 이상 거주자인 자녀에게 중소기업 창업 목적으로 재산을 증여할 때 적용받을 수 있다.

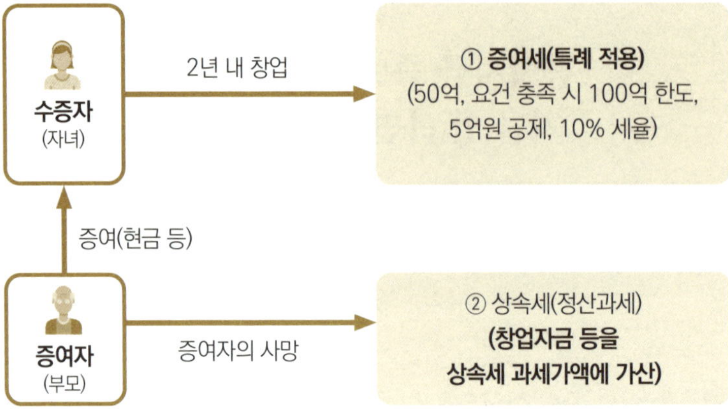

이 제도를 활용하면, 자녀에게 증여하는 금액 중 5억 원까지는 증여세가 면제된다. 5억 원을 초과하는 금액은 최대 45억 원까지 단일 10%의 낮은 세율로 과세된다. 일반 증여세가 5천만 원 초과분부터 누진세율이 적용되어 금액이 커질수록 최고 50%까지 세율이 높아지는 것을 고려하면, 이 특례는 세부담을 현저히 줄여주는 강력한 절세 효과를 제공한다.

예를 들어, 부모가 성인 자녀에게 창업자금 5억 원을 증여할 경우를 살펴보겠다. 일반 증여 시에는 약 8천만 원의 증여세가 발생하지만, 창업자금 특례를 적용하면 5억 원까지 비과세이므로 납부세액이 "0"이다.

더 나아가, 부모가 자녀에게 30억 원을 증여할 경우, 특례 적용 시

5억 원은 세금 0원이며, 남은 25억 원에 10% 세율이 적용되어 2.5억 원의 증여세만 부담한다. 이는 일반 증여였다면 약 10억 원의 증여세가 발생한다. 참고로, 자녀가 창업을 통해 10명 이상 신규 고용 시 증여 한도가 100억 원까지 늘어날 수 있다.

일반 증여와 창업자금 증여 특례제도 비교

※ 자녀는 성년이고, 최근 10년간 증여한 적이 없다고 가정

시뮬레이션 1: 부모가 5억 원을 증여한 경우

구분	일반 증여	창업자금 증여 특례
증여가액	5억원	5억원
증여재산공제	5,000만원	
창업자금공제		5억원
과세표준	4억 5,000만원	0원
세율	20%	10%
누진공제액	1,000만원	
산출세액	8,000만원	
신고세액공제(3%)	240만원	제외
총증여세	7,760만원	0원

시뮬레이션 2: 부모가 30억 원을 증여한 경우

구분	일반 증여	창업자금 증여 특례
증여가액	30억원	30억원
증여재산공제	5,000만원	
창업자금공제		5억원
과세표준	29억 5,000만원	25억원
세율	40%	10%
누진공제액	1억 6,000만원	
산출세액	10억 2,000만원	2억 5,000만원
신고세액공제(3%)	3,060만원	제외
총증여세	9억 8,940만원	2억 5,000만원

이처럼 세금 측면의 이점이 확실한 만큼 아래 요건을 모두 충족하여야 가능하다.

✔ 증여자

1. 증여 당시 만 60세 이상인 부모

✔ 수증자

1. 만 18세 이상 거주자인 자녀
2. 1인당 한 번 적용이며 여러 번 나눠 증여해도 한도는 합산 적용

✔ 창업 대상

1. 기업 형태: 중소기업에 해당
2. 허용 업종: 제조업, 정보통신업, 도소매업, 일반 서비스업 등 세법

이 허용하는 업종(부동산 임대업, 금융업, 전문직 서비스업 등은 제외)

3. 새로 법인을 설립하거나 개인사업자 신규 등록하는 신규 창업

(기존 사업의 인수, 전환, 합병·분할 승계, 폐업 후 같은 업종 재개, 기존 사업 자산의 상당 부분을 인수하여 동일 업종을 영위하는 경우 등은 창업으로 인정되지 않음)

✔ 증여 재산 형태

부모가 자녀에게 증여하는 재산은 현금, 예금, 소액주주 상장주식, 국공채/회사채 등 창업자금으로 바로 사용할 수 있는 형태여야 한다. 부동산이나 양도소득세 과세 대상 주식(소액주주 상장주식 제외) 등은 특례 적용을 받을 수 없다.

✔ 사후관리

1. 자녀는 증여받은 날부터 2년 이내에 창업
2. 창업 후 4년 이내에 해당 자금을 사업 목적(사업용 자산 구입, 운영 경비 등)에 맞게 모두 사용
3. 증여일로부터 10년간 사업을 성실히 유지

Q. 창업자금을 증여받아 1년 이내에 창업을 한 자가 새로 창업자금을 증여받아 그 자금으로 증자를 하는 경우 창업자금 과세특례 적용이 가능한가요?

당초 창업자금중소기업의 사업과 관련하여 사용하는 경우에는 **"창업자금에 대한 증여세 과세특례"를 적용받을 수 있는 것입니다.**(재산세과-247, 2012. 07. 04.)

Q. 사업자등록 후 60세 이상의 부모로부터 창업자금을 증여받아 생산시설을 마련할 경우 과세특례 적용이 가능한가요?

사업자등록 후 증여받은 자금에 대해서는 그 자금을 사업에 필요한 기계장치 취득자금으로 사용하였다 하더라도 **창업자금에 대한 증여세 과세특례가 적용되지 않습니다.**(재산세과-446, 2012. 12. 10.)

Q. 중소기업 창업 후 모친으로부터 자금을 추가로 증여받아 공장 취득에 소요된 대출을 상환하는 경우 과세특례 적용이 가능한가요?

창업 후 **대출금 상환목적**으로 증여받은 자금은 **창업자금 과세특례 대상에 해당하지 않습니다.**(서면-2018-상속증여-3674, 2020. 03. 30.)

Q. A 장소에서 주유소를 계속 영위하고 있는데 별도의 B 장소에서 창업자금으로 토지와 건물 및 주유설비를 투자하는 경우 과세특례 적용이 가능한가요?

다른 장소에서 동종의 사업을 개시하거나 다른 업종을 추가하는 등 새로운 사업을 최초로 개시한 것으로 보기 곤란한 경우에는 **창업으로 보지 아니하므로 과세특례가 적용되지 않습니다.**(서면4팀-3160, 2006. 09. 14.)

아울러, 특례로 받은 창업자금은 부모 사망 시 상속재산에 포함되지만, 이미 납부한 증여세는 상속세에서 정산되므로 이중과세는 없다. 핵심 요건은 "부모 60세 이상, 자녀 18세 이상, 2년 내 창업, 4년 내 자금 사용 및 10년간 사업 유지"이다.

2. 일반 증여 vs 창업자금 증여세 과세특례 - 무엇이 어떻게 다를까?

일반 증여와 창업자금 증여는 재산을 물려주는 방식에서 큰 차이를 보이며, 이는 세금 부담과 활용 범위에 직접적인 영향을 미친다. 주요 비교 사항은 다음과 같다.

구분	일반증여	창업자금 증여세 과세특례
세율구조	10~50% 누진세율	일정 한도 내 10% 저율의 세율 (최고세율 기준 5배 차이)
증여재산공제	10년간 5천만 원 공제 한도	5억원까지 공제 한도
용도 제한	자금 용도 제한 없음	창업 목적으로만 사용 (엄격한 용도 제한, 위반 시 증여세 부과)
수증자 요건	수증자 제한 없음	만 18세 이상 거주자인 자녀만 수증 가능
증여자 요건	별도 조건 없음	부모가 만 60세 이상이어야 함
사후관리 및 추징	증여세 납부 후 제약 없음	10년간 사업 운영 사후관리 의무 (위반 시 증여세 추징)
상속 시 합산	부모 사망 전 10년 내 증여 분만 상속재산에 합산	부모 사망 시 상속재산에 전액 합산 (미리 당겨 받은 상속으로 간주)

정리하면, 창업자금 특례 증여는 일반 증여에 비해 세금 이득이 매우 크지만, 사용처와 시간 면에서 엄격한 제약이 따른다. 반면 일반 증여는 자금 용도에 제한이 없어 자유롭지만 세금 부담이 더 크다. 즉, 특례 증여는 저렴하지만 조건부이며, 혜택이 큰 만큼 지켜야 할 의무가 있다.

따라서 부모가 자녀에게 '주택 구입 자금'이나 '생활비'를 주는 것이라면 이 특례는 적용할 수 없다. 하지만 자녀의 '사업 밑천'을 대주려는 목적이라면 창업자금 특례 적용을 적극적으로 고려해 볼 필요가 있다.

3. 실행 전략: 지금 해야 할 일은?

첫째, 적절한 실행 시기를 선택하는 것이 중요하다. 현재 제도는 일몰 규정이 있으나 여러 차례 연장된 만큼, 제도가 유효할 때 활용하는 것이 안전하다. 부모가 만 60세가 넘었다면 일찍 활용할수록 좋으며, 젊은 자녀가 자금 지원을 받으면 사업 성공 가능성을 높이고 실패 시 재도전 기회를 얻을 수 있다.

둘째, 증여 규모와 방식을 신중하게 계획해야 한다. 최대 50억 원(고용 요건 충족 시 100억 원)까지 가능하지만, 자녀의 창업 아이템과 필요한 자금 규모를 현실적으로 산정하여 필요한 만큼만 증여하는 것이 바람직하다. 불필요하게 많이 증여하여 남기면 특례가 취소되어 추가 세금이 부과될 수 있다. 50억 원 초과 시 신규 고용 요건 등 관리 부담이 증가하므로, 한도 이내로 맞추는 것을 고려해야 한다.

셋째, 절차를 꼼꼼히 준비해야 한다. 특례 적용을 위한 '창업자금 특례신청서', 사업계획서, 사용명세서 등 제출 서류를 철저히 준비해야 한다. 자녀는 증여받은 후 2년 내 창업하고 4년 내에 자금 사용 명세를 세무서에 보고해야 하며, 50억 원 초과분은 고용명세도 제출해야 한다. 이러한 절차를 지키지 않을 경우 가산세가 부과될 수 있다.

넷째, 몇 가지 사례들을 살펴보고 특례 적용 시 참고해 보자.

✔ 성공 사례

60대 부친이 30대 자녀에게 창업자금 증여세 과세특례를 활용하여 10억 원을 증여하였다. 자녀는 이 자금으로 첨단기술 스타트업을 창업했다. 이로 인해 충분한 자금 확보가 가능하였고 사업도 성공적으로 성장시키고 고용을 창출했다. 세제 혜택으로 확보된 자금이 사업 확장에 쓰여 사업 성장 및 고용 증대 효과를 가져오게 되었다.

✔ 실패 사례

1. 업종 제한 위반: 특례 증여로 유흥주점을 창업했으나, 제한 업종에 해당하여 특례가 취소되고 감면 세금 및 가산세가 추징된 경우가 있다. 이는 제도의 업종 제한 요건을 정확히 이해하지 못했을 때 발생할 수 있는 낭패를 보여준다.

2. 사업 지속 실패: 특례 증여로 카페를 시작했으나 팬데믹 등으로 3년 만에 폐업하여 10년 사후관리 요건을 위반, 면제받은 증여

세를 모두 추가 납부해야 했던 사례도 있다. 이는 사업 지속이 담보되지 않으면 특례 혜택이 일시적일 수밖에 없음을 시사한다.

이러한 사례들은 창업자금 증여세 과세특례가 매우 강력한 절세 수단이지만, 제도의 요건과 사후관리 의무를 정확히 이해하고 사업을 성실히 지속해야만 온전히 혜택을 누릴 수 있음을 보여준다.

다섯째, 일반 증여와 혼용 전략도 고려된다. 창업자금 특례는 부모 자산 중 일부만 활용하고, 나머지 재산은 일반 증여로 분산하여 가족 전체의 자산 배분과 세부담을 조율할 수 있다. 예를 들어, 자녀가 둘이라면 한 명은 창업자금 특례로, 다른 한 명은 일반 증여로 지원하는 방식이다. 또한 특례 대상이 아닌 용도(예: 주택 구입)로 자금이 필요하다면 해당 부분은 일반 증여로 진행하고 사업 자금만 특례를 쓰는 것도 방법이다. 이는 혜택과 제약이 있는 자금과 자유로운 자금을 적절히 조합하는 전략이다.

마지막으로, 전문가와의 상담을 권한다. 창업자금 특례는 세법, 창업, 가업승계 등 여러 분야에 걸쳐 있으므로 종합적 컨설팅이 필수적이다. 절차적 실수를 방지하고 세법상 리스크를 점검하는 데 도움이 된다. 국세청에서도 이 제도 안내와 사례를 제공하고 있다.

요약하면, 창업자금 증여세 특례는 지금 활용해야 할 소중한 절세 수단이다. 특히 재산은 있으나 가업이 없고, 자녀가 새로운 길을 개척하려는 경우에 안성맞춤이다. 혜택이 크지만, 혜택 유지를 위한 노력과 계획이 필수적이다. 준비된 창업이라면 이 특례로 자녀에게 날개를 달아줄 수 있지만, 준비되지 않은 상황이라면 세금만 잠시 아끼고 나중에 더 큰 어려움을 겪을 수 있다.

다음 장에서는 가업승계를 위해 즉각적으로 활용 가능한 '가족법인'에 대해 살펴보겠다.

4장.

가족법인, 지분을 나누고 절세를 모으다

가족 구성원이 주주가 되어 운영하는 '가족법인'은 부동산 임대, 투자, 가업 승계 등에서 주로 활용된다. 이를 통해 소득을 가족 간에 분산하여 절세하고, 기업 지분을 미리 나누어 상속세 부담을 줄이는 효과를 기대할 수 있다.

하지만 법인 설립이 항상 이점만 있는 것은 아니다. 법인과 개인은 별개의 주체이므로, 오히려 세금 부담이 증가하거나 관리의 복잡성이 커질 수 있으며, 부당하게 운용될 경우 세무상 제재를 받을 위험도 존재한다. 본 장에서는 가족법인의 개념과 장점/단점, 세무 리스크 및 대응 방안, 그리고 가족법인을 활용한 구체적인 절세 팁들에 대해 간략히 살펴보겠다.

1. 가족법인의 개념과 장점/단점

중소기업 CEO나 자산가들이 가족법인을 설립하는 주된 이유는

"세금 효율 극대화와 자산 승계 대비"에 있다. 법인이 개인보다 세무상 유리하며, 가족 구성원이 주주로 구성됨에 따라 자연스러운 상속·증여가 이루어지는 효과가 있다.

첫째, 세율 측면에서 이점이 크다. 개인은 사업 이익에 대해 최고 45%(지방세 포함 49.5%)의 누진세율이 적용될 수 있지만, 법인은 이익 2억 원 이하 시 9%(지방세 포함 9.9%), 2억 초과 200억 원까지는 19%(지방세 포함 20.9%) 세율이 적용되므로 일반적으로 개인보다 세금 부담이 훨씬 적다. 즉, 10~20% 수준의 법인세를 납부하고 남은 이익은 법인이 운영 또는 투자 자금으로 활용될 수 있다. 또한, 법인의 경우 개인에게 부과되는 건강보험료도 부과되지 않는다.

둘째, 가족 간 지분 분산을 통한 절세 효과이다. 개인 소득은 한 사람에게 과세되지만, 가족법인은 소득을 배당이나 급여 형태로 가족 여러 명에게 분산하여 각자 낮은 세율 구간을 활용할 수 있다. 특히, 전업주부나 소득이 없는 성인 자녀가 가족법인 주주로 참여하여 연간 2천만 원까지의 배당소득을 받는 경우, 종합소득에 합산되지 않고 15.4%로 분리과세 되어 매우 효율적이다. 미성년 자녀도 주주로서 동일한 배당 혜택을 받을 수 있어 목돈 마련에 유리하다.

또한, 가족법인은 지분 승계에 유리하다. 부모 개인이 자산을 직접 소유하는 경우 상속 시 전체 가치에 상속세가 부과되지만, 가족법인을 통해 지분을 미리 자녀에게 분산해 두면 부모 사망 시 과세 대상이 되는 지분 가치를 줄여 상속세 부담을 경감할 수 있다. 이는 가업 승계와 유사하게 지분을 미리 이전함으로써 상속세를 분산하는 효과를 가져온다.

셋째, 가족법인은 다양한 절세 수단을 설계할 수 있는 플랫폼이다. 법인 정관에 임원 퇴직금 규정을 유리하게 두어 창업주 은퇴 시 거액의 퇴직금을 지급하면, 이는 근로소득과 달리 분류과세 되어 세금 절약 효과가 크다. 또한, 자사주 매입 및 소각, 유상감자, 차등배당 등 다양한 자본거래 기법을 통해 상속재산을 줄이는 효과도 기대할 수 있다.

하지만 가족법인 운영에는 단점도 있다. 법인 유지 비용과 행정 관리 부담이 따르며, 매년 결산 법인세 신고, 철저한 회계 관리가 필수이다. 법인 자금을 개인적으로 사용하면 횡령 문제가 발생할 수 있어 투명한 회계 처리가 중요하다. 임원 보수나 배당 결정도 정식 절차를 거쳐야 한다. 법인 설립 시 법인세, 부가가치세, 원천세, 4대 보험료 등 다양한 세목이 추가되며, 특히 주택의 경우 법인 소유 시 취득세 중과나 종합부동산세에서 개인보다 불리할 수 있어 사안별로 세법 규정에 따른 의사 결정이 필요할 것이다.

결론적으로 가족법인은 "절세+승계"라는 두 가지 목표를 달성하는 강력한 도구이지만, 법인 운영의 번거로움과 규제를 감수할 의향이 있을 때 효과적이다. 중소기업 CEO나 자산가들은 이를 활용하여 세금을 최적화하고 자산을 보전하며 원활한 대물림을 계획할 수 있다.

2. 세무 리스크 및 대응 방안

과세당국은 가족법인이 사적인 이득을 취하거나 변칙적인 증여 수단으로 활용될 가능성에 대해 깊은 경계심을 가지고 있으며, 무엇보다 '가족 간의 세금 회피'를 견제하는 데 역량을 집중하고 있다. 이러한 배경을 바탕으로, 가족법인을 운영할 때 반드시 유의해야 할 세무상 리스크와 효과적인 대응 방안은 무엇인지에 대해 알아보겠다.

이에 앞서, 특수관계인 간의 거래에서 발생할 수 있는 세무상 쟁점을 정확히 판단하는 기준이 되는 핵심 개념, 즉 '부당행위계산 부인'에 대해 명확하게 이해하는 것이 필수적이다. 여기서 '부당행위계산 부인'이란, 법인이 자신의 특수관계인과의 거래를 통해 법인세 부담을 부당하게 감소시키려 했을 경우, 과세당국이 해당 거래를 인정하지 않고 세법에 따라 소득 금액을 재계산하도록 하는 세무 규정을 의미한다.

법인세법 제52조「부당행위계산의 부인」규정은 내국법인이 특수관계인과의 거래이어야 하며, 그 거래행위 및 계산으로 인하여 그 법인의 소득에 대해 조세부담을 부당히 감소시킨 것으로 인정되는 경우에 적용되는 것이다.

"조세의 부담을 부당히 감소시킨 것으로 인정되는 경우"의 대표적인 유형은 아래와 같다.

- 자산을 시가보다 높은 가액으로 매입 또는 현물출자받았거나 그 자산을 과대상각한 경우
- 무수익 자산을 매입 또는 현물출자받았거나 그 자산에 대한 비용을 부담한 경우
- 자산을 무상 또는 시가보다 낮은 가액으로 양도 또는 현물출자한 경우
- 불량자산을 차환하거나 불량채권을 양수한 경우
- 출연금을 대신 부담한 경우
- 금전, 그 밖의 자산 또는 용역을 무상 또는 시가보다 낮은 이율·요율이나 임대료로 대부하거나 제공한 경우
- 금전, 그 밖의 자산 또는 용역을 시가보다 높은 이율·요율이나 임차료로 차용하거나 제공받은 경우

1) 특정법인 증여의제(상속세 및 증여세법 제45조의5)

"부당행위계산의 부인"이란 법인이 법인의 특수관계인과의 거래를 통하여 법인세를 부당하게 감소시키는 경우 이러한 특수관계인과의 거래를 부인하고 소득금액을 다시 계산하도록 하는 것을 말한다.

특정법인이란 지배주주 등(지배주주와 그 친족)이 직접 또는 간접으로 보유하는 주식 보유 비율이 30% 이상인 법인을 말한다. 특정법인이 지배주주의 특수관계인과 과세대상 거래를 하는 경우에는 거래한 날을 증여일로 하여 그 특정법인의 이익에 특정법인의 지배주주 등이 직접 또는 간접으로 보유하는 주식 보유 비율을 곱하여 계산한 금액을 그 특정법인의 지배주주 등이 증여받은 것으로 보아 증여세가 과세될 수 있다.

구분	내용
(1) 특정법인	지배주주와 그 친족이 직접 또는 간접으로 보유하는 주식보유비율이 30% 이상인 법인
(2) 수증자	특정법인에 대한 직접 또는 간접으로 보유하는 주식보유비율이 30% 이상인 지배주주와 그 친족
(3) 증여자	특정법인의 지배주주와 특수관계인에 해당하는 자
(4) 과세대상 거래	특정법인이 그 지배주주의 특수관계인과 과세대상 거래를 할 것
(5) 과세최저한	증여의제이익이 1억원 이상일 것

즉, 가족법인이 그 지배주주의 특수관계인(주로 부모나 부모 소유 법인)으로부터 과도한 이익을 제공받는다. 이로 인해 가족법인 재산은 증가됨과 동시에 가족법인 주주들의 주식 가치도 증가될 것이다. 이렇게 특정 요건을 충족한 거래에서 가족법인이 얻은 이익에 대한 법인세뿐만 아니라 그 가족법인 주주들도 이익을 증여받은 것으로 간주하여 증여세가 과세된다. 쉽게 말해, 부모가 자녀가 주주인 가족법인에 이익을 몰아주면 그 이익 상당액을 자녀가 증여받은 것으로 보겠다는 것이다.

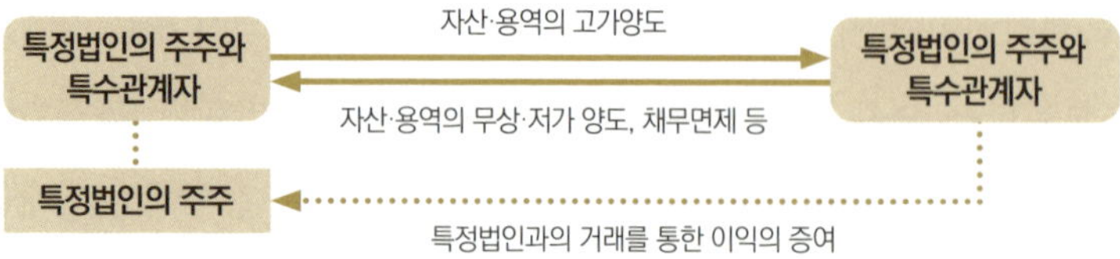

구체적으로 예를 들어 보자. 부모가 소유한 건물을 가족법인에 시세보다 저렴하게 팔거나 무상으로 임대해 주거나, 현금을 무이자로 대여해 주는 경우, 부모법인이 차등 배당하거나, 불균등 감자 등의 자본거래를 하는 경우 등 가족법인이 얻은 경제적 이익(시가와 거래가의 차액 등) 중 자녀 주주의 지분 비율만큼 자녀에게 증여된 것으로 간주하여 증여세가 과세된다.

다만, 지배주주의 특수관계인 등이 얻은 이익이 주주별로 연간 1억 원 이상인 경우 증여세가 과세된다. 예를 들어, 부모가 자녀 단독 100% 주주인 가족법인에게 약 21.7억 원을 무이자 대여를 한다면, 가족법인은 연간 약 1억 원(4.6% 이자율 적용) 이자비용이 절감되는 효과를 볼 수 있다. 이렇게 절감된 이익은 연 1억 원 미만으로 이 경우 증여세가 부과되지 않는다. 나아가, 주주가 여러 명이면 증여이익은 각 주주별로 계산되므로, 주주가 분산될수록 부모가 가족법인에 무이자 대여할 수 있는 금액은 증가하게 된다.

대응 방안

원칙적으로 "가족법인과 부모 등 특수관계인 간의 거래는 시가로 하고, 가급적 무상 혜택은 제공하지 않는다"이다.

✔ 거래의 투명성: 부모가 자금을 대여할 때는 적정 이자를 받도록 계약해야 하며, 부동산 임대 시에도 시가대로 임대료를 받아야 한다. 사후 분쟁을 막기 위해 차용증, 임대차계약서 등 증빙을 철저히 갖추는 것이 중요하다.

✔ 무이자 대여 한도 준수: 만약 무이자로 대여하고 싶다면, 주주별 이익이 연 1억 원 미만이 되도록 한도를 지켜야 한다. 대략 자녀 1명 기준 약 21억 원, 4명 기준 약 86億 원 수준이다. 이 한도 내에서는 증여세가 없지만, 법인 입장에서는 소득 증가 효과가 발생한다.

✔ 자산 증여 금지: 부모가 가족법인에 자산을 증여하는 것은 직접 자녀에게 증여한 것과 동일한 증여세가 발생하며, 법인에게도 법인세 문제가 생길 수 있다. 만약 법인이 대금 지급이 어렵다면, 채무를 부담하게 하거나 유상증자 참여 같은 우회적인 방법 등에 대해 전문가와 자문을 받으시고 진행하시기를 권고드린다.

2) 명의신탁 주식 문제

가족법인 설립 시 흔히 발생하는 실수 중 하나는 부모 자금으로 출자하면서 주식 명의만 자녀 앞으로 해두는 명의신탁이다. 세법은 이러한 명의신탁 행위를 매우 엄격하게 다루며, 실소유자가 주식을 증여한 것으로 간주하여 증여세를 부과한다. 가족 간에도 예외는 없다. 즉, 실제로 자금을 지급하지 않고 자녀 이름으로 주주를 등재하면 그 주식 전체가 증여로 간주되어 증여세가 과세된다.

특히 미성년 자녀를 주주로 포함시킬 때는 자금 출처를 명확히 만들어 주어야 한다. 구체적으로는 자녀 명의 통장으로 증여재산공제 한도(미성년 2천만 원, 성년 5천만 원)만큼 자금을 이체하고 증여세 신고를 먼저 진행해야 한다. 이후 그 자금을 자녀 통장에서 법인 계좌로 출자금으로 납입해야만 자녀가 자신의 자금으로 주식을 취득한 것으로 인정받을 수 있다. 이 절차 없이 부모 자금으로 법인에 출자하고 자녀에게 주식을 배정하면, 전액 증여세 무신고로 추징될 수 있으니 주의해야 한다.

대응 방안

가족을 주주로 참여시킬 때는 반드시 자금원천 증빙을 마련해야 한다.

✔ 증여재산공제 활용: 미성년 자녀의 경우 10년 주기 2천만 원, 성년 자녀는 10년 주기 5천만 원까지 비과세 증여가 가능하므로 이를 적극 활용하여 초기 출자금을 마련한다. 자녀 명의 통장으로 증여 후 증여세 신고를 하고, 그 자금으로 주식 대금을 납입해야 한다.

✔ 초과 금액 처리: 만약 출자 금액이 공제 한도를 초과한다면, 일부는 증여세를 납부하더라도 확실히 증여 절차를 거쳐 자금이 이전된 뒤 출자해야 한다.

✔ 투명한 관리: 모든 주주의 출자금 흐름을 투명하게 관리하여 나중에 세무조사 시 명의신탁 논란을 피하고, 배당이나 지분 처분 시에도 "자녀가 자신의 자금으로 투자한 것"으로 인정받을 수 있도록 해야 한다.

결론적으로, 가족법인 설립 시에는 명의신탁으로 오해받을 만한 상황을 만들지 않는 것이 가장 중요하다.

3) 허위 근무 및 가장(假裝) 경비 문제

가족법인 운영 시 특히 유의해야 할 부분은 실제 근무 없이 가족에게 급여를 지급하거나, 가족의 사적 경비를 회사 비용으로 처리하는 행위이다. 예를 들어, 실제 업무에 종사하지 않는 어머니나 대학생 자녀에게 급여를 지급하는 경우, 이는 세법상 부당행위로 간주되어 비용 인정을 받을 수 없다. 즉, 지급된 급여는 가장(假裝) 경비로 보아 법인세가 추징될 수 있으며, 해당 가족에게는 증여세 문제가 발생할 수 있다.

또한, 가족의 여행 경비나 개인 생활비 등을 법인 카드로 결제하여 회사 비용으로 처리하는 사적 지출 역시 적발되면 손금(비용) 불산입 처리되어 법인세 및 업무 무관 가지급금으로 보아 대표이사 상여로 처분되어 소득세까지 부과될 수 있다. 가족법인이라 할지라도 회사 자금은 엄격히 관리되어야 한다.

대응 방안

✔ 급여 지급: 실제로 업무에 종사하지 않는 가족에게는 가급적 급여를 지급하지 않는 것이 좋다. 대신 배당을 통해 소득을 제공하는 것이 안전하다. 배당은 주주의 권리에 따른 것이므로, 미성년자라 할지라도 주식을 보유하고 있다면 배당을 하는 것은 문제가 없다. 만약 가족 구성원을 직원으로 등재할 경우, 반드시 실제 업무를 부여하고 동종업계 또는 회사 내 동일 직위의 급여 수준과 비교하여 합당한 수준의 급여를 지급해야 한다. 과도한 급여는 부당행위로 간주될 수 있으므로, 적정선을 유지하고 급여 결정 과정을 공식화하며 실제 근무 기록을 남겨야 한다.

✔ 사적 경비: 회사와 개인의 구분을 엄격히 하는 것이 유일한 해결책이다. 가족 식사, 여행, 개인 차량 유지비 등은 회사 비용으로 처리해서는 안 된다. 회사 자금으로 고가 차량을 구매하여 대표이사가 업무 겸용으로 사용하는 경우에도 업무 사용 비율만큼만 비용이 인정되고 나머지는 사적 사용으로 간주되어 소득세 부담으로 이어질 수 있다. 가족의 개인 경비는 개인 자금으로, 회사 경비는 업무

관련성을 명확히 하여 처리해야 한다.

결론적으로, 가족법인 운영 시에는 모든 비용 처리에 있어 투명성과 업무 관련성을 최우선으로 고려해야 한다.

4) 기타 세무 리스크 및 총정리

가족법인의 세무 리스크에는 과도한 이익 준비금 누적 문제가 있으나, 현재 중소기업에 미치는 영향은 크지 않다. 다만, 2025년부터 소규모 법인에 대한 법인세율 조정 등 세법은 지속적으로 변화하며, 이는 가족법인을 통한 과도한 절세를 방지하려는 목적이다. 따라서 전문가와의 꾸준한 세무 검토가 매우 중요하다.

결론적으로, 가족법인은 효과적인 절세 수단이지만 과세당국의 감시 대상이기도 하다. 규정을 준수하며 운용한다면 문제없지만, 과도한 편법은 오히려 해가 될 수 있다. "합법과 편법의 경계를 지킨다"라는 태도로 형식적 요건과 실질적 내용을 모두 꼼꼼히 갖추는 것이 필수다.

3. 가족법인을 활용한 구체적인 절세방안

1) 가족법인에 여유 자금 무이자 대여(한도 준수)

부모의 현금을 가족법인에 무이자로 대여하여 투자 재원으로 활용할 수 있다. 이때 주주별 이익이 연 1억 원 미만인 한도를 준수하면 증여세 부담 없이 상당액 지원 가능하며, 주주가 많을수록 한도가 증대된다. 차용증 작성 및 원금 일부 상환 등으로 증여로 간주되는 것을 방어하는 것이 중요하다.

2) 가족법인 설립 초기, 미성년 자녀 지분 확보

어린 시기부터 자녀를 주주로 설정하면 회사 가치 상승분이 자녀 지분에 자연스럽게 귀속되어 부의 이전이 가능하다. 미성년 증여공제 한도(2천만 원)를 활용하여 사전에 증여세 신고를 하고, 향후 매년 2천만 원 이하로 배당을 지급하는 전략을 통해 합법적으로 자녀의 자산 형성을 도울 수 있다.

3) 배당과 급여의 믹스

가족 구성원에게 이익을 분배할 때 급여와 배당을 적절히 병행하여 세금 최적화를 도모한다. 급여는 법인 비용 처리되나 개인 종합소득으로 과세되고, 배당은 2천만 원까지 분리과세(15.4%) 혜택이 있다. 가족 각자의 소득 상황과 건강보험료 영향을 고려하여 배당과 급여 비중을 조절하는 것이 중요하다.

4) 퇴직금 활용 전략

가족법인 정관에 임원 퇴직금 지급 기준을 충분히 높게 규정하여, 창업주 은퇴 시 낮은 세금 부담으로 목돈을 확보하는 효과적인 방법이다. 퇴직소득은 근속연수 공제 등으로 세부담이 낮아 절세 효과가 크다. 법인이 축적한 이익잉여금을 퇴직금으로 지급하면, 법인은 비용 처리하고 대표는 낮은 세율로 자금을 확보할 수 있다. 다만, 퇴직금 규정이 지나치게 자의적으로 악용될 경우 세무상 문제가 발생할 수 있다. 따라서, 동종 업계, 회사 규모, 정관 규정, 임원 퇴직금 규정 및 세법상 퇴직금 한도 등을 고려하여 적절하게 퇴직금 규정을 설계하여 운영해야 한다.

5) 자사주 매입 및 감자 전략

가족법인이 성장하여 부모의 지분율이 높은 경우, 가업 승계 전략의 일환으로 법인이 부모의 지분을 자기주식 취득 또는 유상감자 방식으로 부모의 지분율을 낮출 수 있다. 부모는 주식 양도 대가를 수령하며 양도소득세(또는 배당소득세)로 과세되나, 향후 회사 가치 상승에 따른 상속세 부담을 완화할 수 있다. 이 전략은 회사의 충분한 자금 여력이 필요하다. 불균등 자본거래인 경우 앞에서 살펴본 주주별 이익 1억 원 미만 한도를 고려하여 전략을 수립해야 한다. 최근 세법 개정을 통해 불균등 자본거래 시 자녀 주주 이익에 대한 증여의제 과세가 명확해졌으므로, 반드시 전문가와 상의하여 진행해야 하는 고도의 세무 기법이다.

6) 패밀리 오피스 및 합자조합 활용

가족법인을 설립할 정도의 자산가라면, 익명조합이나 패밀리 펀드와 같은 구조를 통해 가족들이 자금을 모아 합자조합을 결성하고 이를 통해 투자하는 방안도 고려할 수 있다. 이 경우 이익 배분을 비용으로 처리하여 세제상 유리하게 설계할 수 있으나, 매우 복잡한 영역이므로 전문가의 도움이 필수적이다.

결론적으로, 가족법인은 세법 혜택을 영리하게 활용하는 효과적인 도구이다. 앞서 언급된 주의사항들을 잘 준수한다면 얻을 것이 많다. 중소기업 CEO라면 본업 외에 부동산이나 금융 투자를 가족법인을 통해 진행하여 수익을 가족에게 적절히 분배함으로써 가족 전체의 부를 증식하고 절세하는 데 기여할 수 있다. 또한 가족법인은 가족 간 협력을 도모하고 경제 교육 효과를 제공하는 기회가 될 수 있다. 소통과 합의하에 운영한다면 가화만사성(家和萬事成)의 기반이 될 수 있을 것이다.

지금까지 상속세 리스크, 가업 승계, 창업 지원 특례, 그리고 가족법인 운영에 이르기까지 폭넓은 내용을 다루었다. 모든 가정과 기업의 상황이 다르기에 명확한 정답은 없지만, 이 내용이 대표님의 자산 승계 전략에 실용적인 길잡이가 되기를 바란다.

가장 중요한 것은 미리 공부하고 준비하는 것이다. 세법은 복잡하지만, 이를 이해하고 활용하면 든든한 우군이 되어줄 것이다. 가업을 잇고 자산을 지키는 일은 단기간에 이루어지지 않으므로, 오늘부터 차근차근 대비해 나간다면 다가올 승계의 순간에 회사와 가족 모두가 평온하게 다음 세대로 배턴을 넘길 수 있을 것이다.

Chapter 4

지식재산을 이용한 회사 키우기 전략

프롤로그.

IP가 회사의 무기가 될 수 있는가?

지식재산권(Intellectual Property, IP)은 더 이상 기술 기업만의 이슈가 아니다. 디지털 전환이 가속화되면서 무형자산의 가치가 기업의 생존을 좌우하고 있다. 기술 창업과 스타트업 시장에서는 '지식재산권(IP)'이 단순한 권리를 넘어 자금 유치, 시장 방어, 기업 가치 상승의 핵심 무기가 되고 있다. 자산이 없는 초기 기업도 아이디어와 기술, 브랜드만으로 회사를 보호하고 성장시키기 위한 수단으로 IP를 선택하고 있다.

지식재산권은 특허, 상표, 디자인, 저작권, 영업비밀 등을 포함하며, 각각 기업의 기술적·브랜드적 경쟁력을 외부 위협으로부터 지키는 장치다. 보험과 유사하게, 사전에 등록·확보하지 않으면 위협 발생 시 아무런 보호를 받을 수 없다. 많은 창업자는 기술과 제품 개발에 집중한 나머지, 자사의 핵심 자산이 외부에 노출되고 있다는 사실을 인지하지 못한다. 특히 기술 기반의 스타트업일수록, 지식재산권 확보는 단순한 권리화가 아닌 생존과 직결된 전략이다.

결론적으로, IP는 기술과 브랜드를 보호하는 수단을 넘어, 기업의 가치를 지탱하고 외부 위협에 대응하는 핵심 전략 자산이다. 창업 초기부터 IP 전문가의 설계를 통해 포트폴리오를 구축해 두는 것이, '회사 키우기 전략'의 첫걸음이 된다.

"아이디어는 누구나 낼 수 있지만, 그 아이디어에 명칭을 붙이고 권리화하여 지켜내는 자만이 기업의 미래를 설계할 수 있습니다."

1장.

브랜드를 지키는 상표·디자인 전략

대표님들이 자주 묻는 질문

Q1. 상표와 디자인은 어떤 점이 다르죠?

Q2. 로고와 제품 형상을 동시에 보호하고 싶은데, 상표와 디자인을 함께 출원해야 하나요?

Q3. 회사명은 상표 등록했고, 서비스명은 안 했는데 이건 위험한가요?

Q4. 이미 쓰고 있는 명칭을 누군가 먼저 등록했다면 어떻게 해야 하나요?

1. 상표와 디자인의 본질적 차이

하기의 표를 확인하면 알 수 있듯이, 지식재산권 중 상표와 디자인은 기업의 브랜드 가치를 보호하는 두 축이다. 하지만 그 보호 대상과 법적 구조는 분명히 다르다. 상표는 명칭에 힘을 실어주는 법적 권리이고, 디자인은 눈에 보이는 형상에 차별성을 독점할 수 있는 무기다.

구분	상표권	디자인권
보호 대상	회사명, 로고, 브랜드명, 제품명	외관, 형태, 모양
주요 요건	식별력	신규성, 창작성
등록 시기	사용 전 또는 사용 직후	제품 출시 전(공개 전 등록 필수)
보호 목적	브랜드 명칭 보호	제품의 외형 차별화 보호

2. 기업 브랜딩과 보호 전략, 기업의 시작부터 함께!

기업에게 브랜딩은 단순한 '예쁜 로고'를 만드는 것이 아니다. 신뢰를 주는 정체성이며, 시장에서의 '좌표'이자 '출처 표시' 기능을 한다. 그런 만큼 상표 등록은 단순한 선택이 아니라 기업 생존의 전략적 의사결정이다.

많은 창업자가 "브랜딩"을 이야기하면서도 정작 브랜드 보호는 놓치는 경우가 많다. 회사명을 정하고, 로고를 만들고, 홈페이지를 열고, 제품을 출시하면서 브랜드는 점점 시장에서 자리 잡아가지만, 상표 출원은 '언젠가'로 미뤄두는 일이 빈번하다. 하지만 브랜딩은 시각적 아이덴티티(CI/BI)만 갖추는 것이 아니라, 법적으로 나만의 권리를 선점하는 일까지 포함되어야 비로소 완성된다.

로고를 만들면 상표권 출원, 제품 디자인이 있다면 디자인권 등록, 브랜드 슬로건이 있다면 문구 자체도 상표로 등록 가능하다. 상표의 등록 가능성 여부는 별론으로 간단한 예시를 들어보자면, 카페 브랜드를 창업하면서 "핸드드립 전문점"이라는 슬로건을 내세웠다면, 단순한 문장으로 보이더라도 타인이 같은 문구로 상표를 먼저 등록하면 오히려 내 마케팅 문구가 '타인의 등록상표 침해'가 되는 상황이 발생할 수 있다.

브랜드 보호 전략은 단순히 방어적인 개념이 아니다. 초기부터 상표권을 확보하면, 타인의 등록을 막을 수 있고, 투자자에게도 안정감을 줄 수 있다. 특히, B2B 기반 기업이라면 상표등록증이 거래처의 신뢰를 얻는 수단이 되기도 한다.

브랜드 보호 전략의 3단계는 다음과 같다.

① 브랜드 구조 설계: 회사명, 서비스명, 제품명, 슬로건의 위계를 정리
② 우선순위 상표 확보: 가장 먼저 노출될 이름부터 출원 (회사명 〉 서비스명 〉 슬로건 순)
③ 디자인과 병행: 로고와 외관도 보호가 필요한 경우, 디자인권으로 병행 출원

Tip 하나의 브랜드라도 상표 등록과 디자인 등록을 '이중 등록'하면 침해 대응력이 크게 높아진다.

3. 스타트업 로고·네이밍 보호 실수 사례

다수의 초기 기업은 다음과 같은 실수를 반복한다. SNS 계정과 도메인을 먼저 확보하고, 상표는 나중에 출원 및 등록을 하는 경우가 대표적인 예다. 이 경우, 타인이 미리 나의 브랜드와 동일 또는 유사한 상표를 출원하면 '나의 브랜드'는 사용이 불가능하다.

특히 네이밍은 단어 하나로 '소송'과 '성장'이 갈릴 수 있다. '에버○○'라는 회사가 상표 미등록 상태에서 매출이 상승하자, 타인이 유사 상표를 선점해 버린 사례처럼 말이다. 이하, 대표적인 사례를 소개하고자 한다.

사례 1: 로고를 먼저 공개하고 출원은 나중에 한 경우

서울 소재 IT 스타트업 A사는 앱 서비스를 런칭하며 심플한 로고를 디자인했다. SNS 마케팅을 통해 유저 반응도 뜨거웠고, 슬로건과 로고가 확산되자 경쟁사 B가 로고와 유사한 형태로 선 상표출원 및 등록을 진행하였다. A사는 뒤늦게 상표 출원을 하였지만, 결국 상표심판원에서 권리를 되찾지 못했다.

Tip 로고를 시장에 공개하기 전, 상표 출원이 선행돼야 합니다.

사례 2: 회사명은 등록했지만 서비스명을 누락한 경우

B사는 법인명을 상표 등록한 상태였지만, '셀○○'이라는 브랜드명은 상표 출원 및 등록하지 않은 채로 다이어트 보조 앱을 출시했다. 사용자 리뷰와 앱스토어 평점이 높아지자, 타인이 '셀○○' 명칭을 유사하게 따라 만든 '셀○○○'라는 이름으로 먼저 상표 출원 및 등록을 완료했다. B사는 수년간 쌓아온 브랜드 인지도를 잃고, 결국 해당 명칭을 포기하고 리브랜딩을 선택해야 했다.

Tip 서비스명, 제품명 등 실제 시장에 노출되는 명칭부터 먼저 상표를 통한 권리화가 이루어져야 한다.

김 대표의 Q&A

Q. 상표와 디자인은 어떤 점이 다르죠?

상표는 문자나 로고 등 브랜드의 명칭, 디자인은 제품의 형상, 외형적인 특징을 보호합니다. 대상도 다르고 등록 요건도 다릅니다.

Q. 로고와 제품 형상을 동시에 보호하고 싶은데, 상표와 디자인을 함께 출원해야 하나요?

네. 로고는 상표, 제품 형상은 디자인으로 각각 보호받아야 하며, 병행 출원이 가장 안전합니다.

Q. 회사명은 상표 등록했고, 서비스명은 안 했는데 이건 위험한가요?

서비스명 노출 빈도가 더 높다면, 오히려 서비스명이 등록 우선 대상입니다. 지금이라도 즉시 출원하시기 바랍니다.

Q. 이미 쓰고 있는 명칭을 누군가 먼저 등록했다면 어떻게 해야 하나요?

사용 중이더라도 등록상표가 우선권을 가집니다. 따라서 대응을 위해선 선사용 입증, 무효심판 등 법적 절차가 필요하나, 유리할 가능성은 매우 낮습니다. 최근에는 유사상표 등을 공존할 수 있는 제도가 신설되었으나, 선권리자 측에서 높은 로얄티를 요구할 확률이 높습니다. 따라서, 늦기 전에 선등록 전략이 핵심입니다.

2장.

특허와 영업비밀, 무엇을 보호하고 어떻게 활용할 것인가?

대표님들이 자주 묻는 질문

Q1. 중요한 기술인데 특허 등록하면 누가 모방할까 봐 걱정됩니다.
Q2. 특허는 꼭 현물이 존재하는 대상만 가능한가요?
Q3. NDA는 외부 협력사하고만 쓰면 되나요?
Q4. 퇴사자가 회사 기술을 들고 나간 것 같은데 증거가 없습니다.

1. 특허 vs 영업비밀, 무엇이 더 유리한가?

기업이 기술을 확보한 순간, 고민은 시작된다. **"해당 기술을 특허로 보호할까, 아니면 비밀로 묻어둘까?"** 둘 다 기술을 보호하기 위한 수단이지만 전략은 완전히 다르다. 특허는 등록을 통한 권리화, 영업비밀은 비공개를 통한 통제에 기반한다.

구분	특허(Patent)	영업비밀(Trade Secret)
보호 방식	특허청 등록 후 공개	등록 없이 비공개 유지
보호 기간	20년(출원일 기준)	무제한(비밀로 유지되는 한)
비용	출원·심사·유지 비용 발생	시스템 유지비(보안, 관리) 중심
공개 여부	발명의 핵심 내용이 모두 공개됨	기술 내용이 외부에 공개되지 않음
보호 범위	등록된 청구항에 한정	기밀 유지 범위 내에서 비교적 넓음

요약하자면, 외부 노출이 불가피하거나 모방 우려가 크다면 특허를 택하고, 기술 자체가 노출 없이 운영 가능한 구조라면 영업비밀로 유지하는 게 합리적이다.

2. 등록의 유불리 비교: 누가 언제 특허를 택해야 하나?

특허는 '공개'를 전제로 한 배타적 권리다. 그렇다면, '공개'를 감수할 만큼의 시장 우위나 투자 효과가 있어야만 특허 등록이 유효하다.

1) 특허가 유리한 경우

- 기술의 핵심이 외부에 이미 일부 노출되어 있음
- 투자 유치, 벤처 인증, 정부과제 신청에 필요한 경우
- 침해 소송 대응이나 라이선스 사업 계획이 있는 경우
- 특허 포트폴리오를 통한 기업 가치 상승이 중요한 경우

2) 영업비밀이 유리한 경우

- 기술 구현 자체가 내부 서버나 시스템 안에서만 작동
- 역설계(리버스 엔지니어링)가 어렵거나 불가능
- 단가·레시피·매출 분석 알고리즘처럼 내부 운영에 가까운 기술
- 핵심 기술이 아닌, 운영 노하우에 가까운 정보

결국, 기술의 성격, 운영 방식, 기업의 성장 전략에 따라 선택이 갈려야 한다.

3. 실전에서 꼭 필요한 NDA(비밀유지계약서) 실무 포인트

영업비밀은 관리체계를 갖추지 않으면 법적 보호를 받지 못한다. 그 핵심이 바로 NDA, 즉 비밀유지계약서다. 하지만 현실에선 다음과 같은 문제가 발생한다.

- "계약서 없이 기술을 설명하고 말았다."
- "NDA는 썼지만, 구체적 비밀 범위를 명시하지 않았다."
- "인턴이나 협력업체 직원과는 NDA를 쓰지 않았다."

이런 실수가 쌓이면, 막상 기술 유출이 발생해도 법적으로 손쓸 방법이 없다.

NDA 작성 핵심 체크리스트는 다음과 같다.

- '영업비밀의 범위'를 문서에 명확히 기재했는가?
- 계약 상대방뿐 아니라 그 내부 직원까지 적용되는가?
- 계약 기간은 퇴사 또는 계약 종료 후에도 유효한가?
- 위반 시 손해배상이나 형사고발 조항이 명시되어 있는가?

NDA 계약서 한 문장

"귀사가 본 계약 체결과정 및 이행 중 알게 된 당사의 '기술정보·경영정보·고객정보'를 포함한 일체의 정보는 비밀로 유지되며, 계약 종료 이후에도 2년간 비밀로 유지됩니다."

4. 퇴사 직원 리스크 관리: 영업비밀 보호의 사각지대

기업의 가장 큰 위협은 단순 기술 유출이 아니다. 기술을 알고 있는 사람이 퇴사하는 것이다. 현실에서는 CTO나 핵심 개발자가 퇴사 후 유사한 사업을 창업하거나 경쟁사로 이직하면서 자연스럽게 내부 기술이나 전략이 외부로 흘러나가는 경우가 빈번하다. 그러나 퇴사 직원이 기술을 '머릿속에' 담아간 경우, 실제로 법적으로 제재하기는 매우 어렵다.

퇴사자 리스크 관리 전략에 대하여, 입사 시점 NDA + 퇴사 시점 서약서 병행, 핵심 인력에게 스톡옵션 제공과 보안 조항 연계, 퇴사 후 일정 기간 경쟁업체 취업 제한 조항 포함(합리적 범위 내) 및 부정경쟁방지법, 영업비밀보호법, 형법상 업무상 배임 혐의 등으로 대응 가능하나 문서와 사전 조치가 없으면 무력화되기 쉽다.

김 대표의 Q&A

Q. 중요한 기술인데 특허 등록하면 누가 모방할까 봐 걱정됩니다.

특허를 카피하더도 침해에 해당하지 않는 경우도 있습니다. 따라서 누군가 모방할 가능성이 높다면 영업비밀로 보호하는 방안이 더 적합할 수 있습니다.

Q. 특허는 꼭 현물이 존재하는 대상만 가능한가요?

비즈니스 모델, 알고리즘, 시스템 연동 구조 등도 특정 조건을 충족하면 특허로 등록 가능합니다.

Q. NDA는 외부 협력사하고만 쓰면 되나요?

아닙니다. 내부 직원, 인턴, 심지어 외주업체 파견 인력과도 필수입니다.

Q. 퇴사자가 내 기술을 들고 나간 것 같은데 증거가 없습니다.

출입 기록, 메일로그, 프로젝트 문서 관리체계 등이 정비되어 있어야 대응이 가능합니다. 미리 준비된 문서와 서약이 없다면 추후 증거 확보는 어렵습니다.

3장.

직무발명보상제도와 정관 활용법

대표님들이 자주 묻는 질문

Q1. 정관에 보상제도를 넣으면 구체적으로 어떤 절세 효과가 있나요?
Q2. R&D가 적은 회사도 이 제도를 도입할 필요가 있나요?
Q3. 직원이 퇴사했는데, 과거 발명보상금을 안 줬습니다. 문제가 되나요?
Q4. 보상금을 많이 주면 법인세에 불리한 거 아닌가요?

1. 직무발명이란 무엇인가?

'직무발명'이란 쉽게 말해 직원이 업무상 발명한 특허, 실용신안 등을 회사가 승계하는 것을 말한다. 예를 들어 연구원이 개발한 기술, 개발자가 만든 알고리즘, 창작적 제품 등이 모두 여기에 해당될 수 있다.

우리나라 「발명진흥법」 제2조는 직무발명을 다음과 같이 정의한다. **"종업원 등이 그 직무에 관하여 한 발명으로서, 그 성질상 사용자 등의 업무 범위에 속하고, 종업원 등의 현재 또는 과거의 직무에 속하는 발명"** 즉, 회사 업무와 밀접한 관련이 있고, 회사의 자원·지시·인프라를 통해 개발된 발명은 회사가 권리를 갖되, 이를 발명한 직원에게는 정당한 보상을 해야 한다는 원리다.

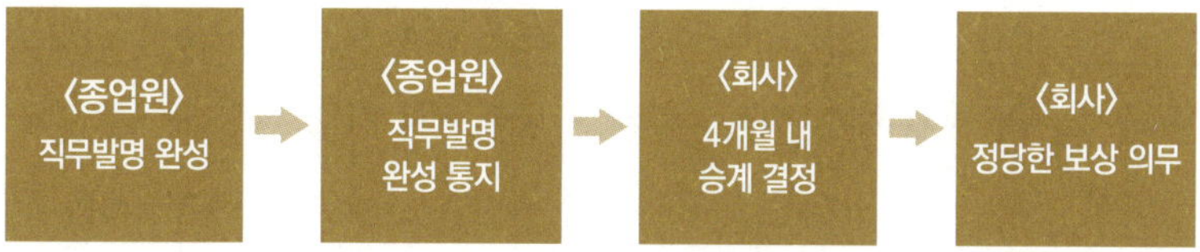

2. 왜 '직무발명보상제도'가 중요한가?

직무발명보상제도는 직원이 개발한 특허나 기술성과에 대해 공정한 보상을 제공하는 제도다. 원칙적으로 보상금은 근로소득이지만, 일정 요건을 갖춘 경우 비과세 적용이 가능하다. 예를 들어, 직무발명 보상금이 직무와 직접적 관련이 있는 기술에 대해 지급된 것이고, 정관 및 내부 규정에 따라 지급된 경우, 일정 금액까지 비과세 혹은 저율과세 대상이 된다. 단, 비과세 한도나 인정 요건은 해마다 변동되므로 세무사·변리사와의 협의가 필요하다. 또한, 보상금 산정이 객관적인 기준에 의해 이루어지고 있음을 회의록, 운영규정, 이사회 결의 등의 형태로 문서화해 두면, 추후 과세당국의 세무조사에서도 강력한 방어자료가 된다.

직무발명 보상제도의 그 본질은 보상과 더불어 '정관에 명시한 공식 제도'로 법인세를 줄이는 합법적인 장치에 있기도 하다. 최근 세무조사 사례를 보면, 대표 급여, 임원 배당이 과다하다고 지적되면 직무발명 보상제도가 있는지 여부가 주요 감면 포인트로 작용한다. 게다가, 중소·중견기업이 정관에 보상 규정을 삽입하고, 내부 규정을 기반으로 보상금을 지급하면, 비용처리가 가능해져서 기업 입장에서는 세제 혜택이 따른다. 이 방식은 대표이사나 핵심 임직원의 급여를 보상금으로 대체함으로써, 급여 대비 비용 인정 범위가 넓어진다는 장점도 있다.

3. 보상제도는 정관에 넣어야만 인정된다

정관에 넣지 않고, 인사팀에서 "보너스" 형식으로 보상금을 지급하면 세무상 비용 인정이 되지 않는다. 따라서 아래처럼 정관과 규정의 이중장치가 필요하다.

구분	구성 예시	필요성
정관	"회사는 직무발명을 한 임직원에게 합리적 기준에 따라 보상할 수 있다."	세무상 제도 존재 증빙
내부규정	보상기준, 지급시기, 신청 절차	실질 운용 여부 증빙
실행 사례	실제 보상금 지급 내역, 회의록, 이사회 결의	법인세 감사 시 대응용

4. 중소기업에도 적합한 보상금 산정법

중소기업에서는 복잡한 계산식을 적용하기보다 간편하면서도 실효성 있는 보상 방식을 설계하는 것이 중요하다. 실무적으로는 정액 보상, 성과 배분형, 단계별 지급형의 세 가지 유형이 적절한 방식으로 추천되고 있다.

먼저, 정액 보상 방식은 일정한 금액을 일괄적으로 지급하는 구조이다. 예컨대, 한 건의 특허가 등록될 때마다 00만 원의 보상금을 지급하는 방식으로, 지급 기준이 명확하고 예산 예측이 용이하다는 장점이 있다. 또한, 해당 금액은 경비로 처리할 수 있어 세무적으로도 부담이 적다.

두 번째로, 성과 배분형 방식은 발명의 사업성과에 따라 일정 비율을 배분하는 구조이다. 기술을 기반으로 한 제품이 출시되거나 로열티 수입이 발생할 경우, 수익의 10% 수준을 발명자에게 환원하는 방식이다. 이는 배당금 방식보다 세무상 유리할 수 있으며, 발명자의 동기 부여에도 효과적이다.

마지막으로, 단계별 지급 방식은 출원, 등록, 실시 단계에 따라 보상금을 분할하여 지급하는 형태이다. 예를 들어, 출원 시 00만 원, 등록 시 00만 원, 실제 기술이 사업화되어 활용될 경우 00만 원을 지급하는 식이다. 이 구조는 기술의 진척도에 따라 예산을 분산할 수 있어 비용 분산 효과가 탁월하다. 보상금으로 지급된 금액은 기업 입장에서 전액 비용처리가 가능하고, 고정급여보다 절세 효과가 더 클 수 있다.

구분	보상 예시	세무 처리
정액 지급	특허 등록 시 00만원	경비 처리 가능
성과 연동	기술료 발생 시 수익의 N%	배당보다 유리
단계별 지급	- 출원 시 00만원 - 등록 시 00만원 - 실시 시 00만원	비용 분산 효과

5. 직무발명제도 미도입 시의 리스크

직무발명 자체는 회사에 귀속되지만, 보상은 필수다. 이를 이행하지 않으면 다음과 같은 문제가 생긴다. 직원과의 법적 분쟁 발생 가능성과 관련하여, 직원이 퇴사 후 "내 아이디어로 회사가 돈을 벌었다"라며 보상금을 청구할 수 있다. 특히, 보상 규정이 없으면, 퇴사 직원이 자신의 기여도에 따른 보상 소송을 제기할 수 있는 여지가 남는다. 국가 연구 개발 과제 평가에서 최근에는 발명 보상제도 운영 여부가 평가 지표로 반영되는 경우, 불이익을 받게 된다. 또한, 단순한 성과급은 보상으로 인정되지 않아 비용처리가 제한된다.

김 대표의 Q&A

Q. 정관에 보상제도를 넣으면 구체적으로 어떤 절세 효과가 있나요?

대표이사 급여나 배당보다 세무상 비용 인정 범위가 넓어집니다.

Q. R&D가 적은 회사도 이 제도를 도입할 필요가 있나요?

실질 발명이 없어도, 형식적 제도 도입만으로도 세무상 효과가 있습니다.

Q. 직원이 퇴사했는데, 과거 발명보상금을 안 줬습니다. 문제가 되나요?

향후 법적 분쟁 위험이 있고, 기술사용 중단 요청 등 리스크가 있습니다.

Q. 보상금을 많이 주면 법인세에 불리한 거 아닌가요?

오히려 급여보다 더 효과적인 비용처리 수단이 될 수 있습니다.

4장.

벤처기업 인증, 절세와 투자유치의 분기점

대표님들이 자주 묻는 질문

Q1. 특허 출원 이력이 전혀 없는데도 벤처 인증 신청이 가능한가요?
Q2. 실패 사례에는 어떤 공통점이 있나요?
Q3. 인증이 투자유치에도 도움이 되나요?
Q4. 기술성 평가에서 떨어진 적이 있는데 재도전이 가능할까요?
Q5. 벤처 인증을 받으면 실제로 어떤 세제 혜택이 있나요?

1. 벤처기업 인증이란?

벤처기업 인증은 중소기업이 일정 요건을 충족하면 공식적으로 '혁신기업'으로 인정받는 제도이다. 현재는 크게 아래 세 가지 유형 중 하나를 충족하면 인증 가능하다.

① 기술평가보증기업
② 기술평가대출기업
③ 기술성 우수기업(특허 기반)

이 중 가장 일반적인 인증 방법은 '기술성 우수기업'이며, 이때

IP(지식재산권)의 보유 여부는 중요한 핵심 평가 항목이다. 주요 평가 포인트로는 기술의 독창성 관련, 특허·실용신안 보유, 사업화 가능성, 경쟁우위 확보 관련 기술 차별성이 명확한지 여부이다. 특히 'IP-R&D 전략'과 연계해 출원·등록된 기술 특허는 기업의 사업화 전략과 연결되어 점수를 극대화할 수 있다.

2. 특허 기반 인증 전략: 어떤 특허가 기술성 평가에 효과적인가?

기술성 평가에서 특허는 단순한 '보유 수량'이 아니라, 어떤 유형의 특허를 어떻게 활용하고 있는지가 관건이다. 특허는 크게 세 가지 유형으로 구분되며, 각각의 장단점과 유의점이 존재한다.

첫 번째는 등록 특허다. 말 그대로 특허청에 의해 심사 완료 후 등록된 특허로, 기술성 또는 독창성을 증명하는 데 가장 유리하다. 기술성 평가 항목 중 '기술적 차별성'이나 '시장 진입장벽' 등을 평가할 때 등록 특허는 강력한 증빙자료로 작용한다. 단, 출원만으로는 효과가 미미하므로, 평가 시점까지 등록이 완료되어 있어야 그 효력을 발휘할 수 있다.

두 번째는 출원 중 특허다. 아직 등록되지는 않았지만, 최소 1건 이상은 출원되어 있어야 기술력 보유를 간접적으로 입증할 수 있다. 이때 중요한 점은, 출원한 특허의 명세서 내용이 평가받고자 하는 기술성과 명확히 연결되어 있어야 한다는 점이다. 단순한 아이디어 수준이거나 범용 기술에 머물러 있다면, 점수화에 큰 도움이 되지 않을 수 있다.

마지막은 BM 특허, 즉 비즈니스모델 특허다. 이는 상황에 따라서 등록 특허 또는 출원 중 특허에 해당할 수 있으며, 제품이나 기술 그 자체보다는, 수익모델이나 운영 방식의 창의성에 기반한 특허로, 사업화 전략의 구체성과 수익성을 어필할 수 있는 좋은 수단이다. 다만, 이 역시 단순한 아이디어 수준이라면 오히려 평가자에게 '내용이 부실하다'는 인상을 줄 수 있으므로, 실제 시장 적용 사례나 매출과의 연결성을 함께 제시하는 것이 필요하다. 결론적으로, 특허는 단순히 '있다'고 되는 것이 아니라, 어떤 맥락에서, 어떤 전략 아래 출원되었는지가 기술성 평가에서의 등급을 결정짓는다.

3. 인증의 성패를 가르는 요소는 무엇인가?
: 실패/성공 사례 비교

벤처기업 인증을 준비하면서 많은 기업이 기술만 있으면 충분하다고 생각하지만, 실제로는 '기술', '권리화', '실행 전략'의 세 가지 요소가 유기적으로 맞물려야 우수 등급을 받을 수 있다. 단순한 아이디어나 특허 출원만으로는 부족하며, IP 전략과 사업 실행 계획이 함께 갖춰져야 진정한 경쟁력을 인정받는다.

먼저, 특허 확보 측면에서 실패한 기업은 출원조차 하지 않았거나, 아이디어 수준의 설명에 그친 경우가 많다. 반면, 성공 사례에서는 이미 등록된 특허를 보유하고 있을 뿐 아니라, 그 기술의 차별성과 응용 가능성을 구체적으로 설명할 수 있었다.

R&D 전략에서도 차이가 뚜렷하다. 기술성과를 확보하지 못하거나, 정부과제와의 연계가 부족한 경우 기술성 평가에서 높은 점수를 받기 어렵다. 이에 반해 성공한 기업들은 IP 기반의 R&D 로드맵을 사전에 구축하고, 특허 포트폴리오와 연구개발 계획을 유기적으로 엮어내는 데 성공했다.

사업화 전략 역시 중요한 평가 항목이다. 실패 사례에서는 인증을 위한 기술은 있으나, 향후 어떤 정부지원사업이나 투자와 연결할 것인지에 대한 계획이 부족했다. 반면 성공 사례는 인증 이후 어떤 과제를 신청할지, 수혜를 어떻게 이어갈지에 대한 실행 계획까지 구체적으로 제출해 좋은 평가를 받았다.

마지막으로 경쟁사 분석에서도 큰 차이를 보였다. 실패 사례는 시장

조사 자체가 부족하거나, 유사 기술에 대한 검토가 미진했다. 성공 사례는 경쟁사의 특허를 비교·분석하여 자사의 기술적 우위를 논리적으로 제시하며 평가위원의 설득을 이끌어냈다.

결국, 기술 자체의 우수성만으로는 벤처 인증을 통과하기 어렵다. '기술' + '권리화(IP)' + '실행 전략'의 삼박자가 맞아야 기술성 평가에서 높은 등급을 획득할 수 있다.

평가 요소	필요한 자료	전략 포인트
기술성	등록/출원 특허	최소 2건 이상, 명세서 기술구체화
사업성	BM 특허, 실행계획서	수익 모델 연계, 시장 확보 근거
실행력	정부과제 수혜 실적	R&D 계획 + 이행 로드맵 작성
차별성	경쟁사 비교 분석	특허맵 기반 분석, 차별기술 도출

4. 인증 이후의 절세 및 정부 지원 효과

벤처인증을 받으면 다음과 같은 실질적 혜택이 뒤따른다.

1) 법인세 감면

창업 3년 이내 기업이 벤처기업으로 인증되면, 법인세 5년간 50% 감면 혜택(창업중소기업 세액감면)이 주어진다.

2) 정부 지원사업 가점

중기부, 산업부 등 다수의 기술개발 과제에서 가점이 부여되며, IP-R&D 과제, 스마트공장 지원 사업, 수출바우처 등에서 유리하다.

3) 투자 유치 가능성 제고

기술성 인증 자체가 VC/AC 투자자들의 기술 실사 대체 지표로 사용되며, 기술가치평가와 연계 시 지분 투자의 근거로 작용한다.

김 대표의 Q&A

Q. 특허 출원 이력이 전혀 없는데도 벤처인증 신청이 가능한가요?

출원 없이 신청 가능하지만, 통과 확률은 낮습니다. 최소 1건 이상의 특허 출원 후 신청하는 것을 권장합니다.

Q. 실패 사례에는 어떤 공통점이 있나요?

IP 포트폴리오의 부재, 시장 대비 차별성 부족, 실현 전략 미흡이 가장 흔한 실패 요인입니다.

Q. 인증이 투자 유치에도 도움이 되나요?

벤처펀드, 정부 매칭펀드 등에서 신뢰도와 가점 요소로 작용합니다.

Q. 기술성 평가에서 떨어진 적이 있는데 재도전이 가능할까요?

가능하며, 특허 연계, 수익모델 강화, 시장성 자료 보강을 통해 전략적으로 접근해야 합니다.

Q. 벤처 인증을 받으면 실제로 어떤 세제 혜택이 있나요?

법인세 감면, R&D 세액공제, 정부과제 가점 등 실질적인 재무·지원 효과가 있습니다.

5장.

기업부설연구소, 설립부터 활용까지

대표님들이 자주 묻는 질문

Q1. 매출이 전혀 없는 스타트업도 연구소 설립이 가능한가요?
Q2. 설립 이후 어떤 세제 혜택이 주어지나요?
Q3. 연구소를 만들면 어떤 인증에서 유리해지나요?
Q4. R&D 인력을 두지 못하는데 연구소 설립이 의미 있나요?

1. 기업부설연구소란 무엇인가?

'기업부설연구소'는 민간기업이 자사 기술개발을 목적으로 사내에 설치한 연구개발 전담 조직을 말한다. 흔히 공공 연구기관이나 대학만 연구개발을 한다고 오해하지만, 이제는 스타트업조차 R&D 역량을 갖춘 기업으로 성장하기 위해 '연구소 보유 기업'이라는 인증을 적극 활용하고 있다.

연구소를 보유했다는 것은 단순한 명패가 아니다. 정부의 세액공제, 기술개발 과제, 벤처 인증, IP-R&D 지원사업 등에서 'R&D 수행능력'의 핵심 지표로 활용된다. 결국 '연구소 설립'은 기술기반 회사를 설계하는 출발점이다.

2. 설립 요건 및 절차

기업부설연구소를 설립하기 위해서는 일정한 요건을 충족해야 하며, 이는 일반적으로 비교적 명확하고 체계적으로 정리되어 있다. 우선 기본 요건은 다음과 같다.

첫째, 전담 연구인력이 1명 이상 확보되어 있어야 한다. 해당 인력은 4대 보험에 가입된 정규직이어야 하며, 타 부서 겸직은 허용되지 않는다.

둘째, 연구소 전용의 독립된 공간을 확보해야 한다. 일반 사무실과 구분되어야 하며, 사무 공간 내에 단순하게 파티션만 친 구조는 인정되지 않는다.

셋째, 기업은 최소 3개월 이상 사업자 등록이 유지되어야 한다.

넷째, 회사의 정관에 연구개발 활동이 목적사업으로 명시되어 있어야 한다. 이는 서류 심사 과정에서 매우 중요하게 확인되는 부분이다.

설립 절차는 다음과 같이 정리된다. 가장 먼저, 사업자등록증과 법인 등기사항을 확인하고 준비된 상태에서, 연구소로 사용할 공간과 연구인력을 구성한다. 이후, 연구소 설립 신청서와 첨부서류를 한국산업기술진흥협회(KOITA)에 제출한다. 협회의 심사를 통과하면 정식으로 연구소 등록증이 발급되며, 이로써 기업은 법적으로 인정받는 연구개발 조직을 갖추게 된다.

3. 완화된 조건의 '연구 전담부서' 설립

기업이 기업부설연구소 설립이 어려운 경우, 보다 완화된 조건의 **'연구전담부서 제도'**를 활용할 수 있다. 연구전담부서는 중소기업이나 창업 초기 기업이 연구개발(R&D) 활동을 공식화하고, 세제 혜택 등 정책적 지원을 받기 위한 유용한 수단이다.

연구전담부서를 설립하기 위해서는 다음과 같은 요건을 충족해야 한다. 먼저, 4대 보험에 가입된 정규직 연구전담 인력이 1명 이상 필요하다. 해당 인력은 겸직이 가능하며, 소속 부서 내 다른 업무와 병행할 수 있다는 점에서 기업부설연구소보다 인력 기준이 다소 유연하다. 공간 요건도 비교적 완화되어, 연구소 수준의 물리적 독립성까지는 요구되지 않는다. 단, 사무실 내 전담 좌석이나 책상 등을 지정하고, 구분이 명확하게 표시되어야 한다. 또한, 신청 시점 기준으로 사업자 등록이 3개월 이상 유지되어 있어야 하며, 가급적 회사의 정관에는 '연구개발'이 목적사업으로 명시되어 있는 것이 바람직하다. 이는 향후 기업부설연구소로 승격할 경우에도 유리하게 작용한다.

설립 절차는 다음과 같다. 먼저 현재 수행 중인 R&D 업무가 명확히 존재해야 하며, 이를 증명할 수 있는 연구일지 등 근거자료를 사전에 정리해 두어야 한다. 다음으로 전담 인력 명단, 조직도, 4대 보험 가입 증명서류, 공간 사진 및 사무실 도면 등을 준비하여 인력 및 공간 요건을 충족해야 한다. 이후 한국산업기술진흥협회(KOITA)의 R&D인력지원포털을 통해 온라인으로 신청하며, 별도의 현장 심사 없이 서류 접수만으로 등록이 가능하다. 다만 요건이 충족되지 않을 경우 반려될 수 있다. 등록 후에는 매년 연구인력 현황과 연구과제 실적에 대한 정기보고가 필요하다. 이하, 연구전담부서는 기업부설연구소와 같은 맥락으로 취급한다.

구분	기업부설연구소	연구전담부서
인력 요건	전담 연구인력 1명 이상(겸직 불가)	전담 연구인력 1명 이상(겸직 가능)
공간 요건	연구소 전용의 독립 공간 필수	별도 공간 권장(완화된 기준)
정관 요건	R&D 명시 필수	명시 권장
승인 절차	서류 및 현장심사 진행	서류등록만으로 가능
대표 활용 기업 유형	중견·중소 제조기업	스타트업, 서비스업, 소규모 기업 등

4. 기업부설연구소를 설립하면 어떤 점이 좋은가?

기업부설연구소 설립은 단순한 명패 이상의 가치를 가진다. 그 이점은 크게 세제 혜택, 정부과제 참여, 기술기반 인증, 인재 확보 및 이미지 강화의 네 가지로 요약할 수 있다.

첫 번째는 세제 혜택이다. 연구소 보유 기업은 연구개발에 사용한 비용의 일정 비율을 세액에서 직접 공제받을 수 있다. 특히 중소기업의 경우, 최대 30%까지 공제가 가능하며, 연구활동에 투입된 인건비나 장비 구입비용도 모두 비용처리 강화 대상이 된다. 또한, 연구전담요원에게 지급하는 인건비 일부는 소득세 비과세로 적용되어 기업과 직원 모두에게 혜택이 돌아간다.

두 번째는 정부 과제 참여의 자격 요건을 충족한다는 점이다. 과학기술정보통신부, 산업통상자원부, 중소벤처기업부 등에서 진행하는 대부분의 R&D 과제는 연구조직을 갖춘 기업만을 대상으로 지원하고 있으며, 특히 IP-R&D 연계 지원사업이나 스마트공장 구축 과제 등은 연구소가 없는 기업은 아예 신청 자격이 제한된다.

세 번째는 각종 기술 기반 인증에서의 가점 확보다. 벤처기업 인증, 이노비즈 인증, 메인비즈 인증 등 주요 인증 절차에서는 연구소의 보유 여부를 기술성 지표 중 하나로 반영하고 있으며, IP(특허, 상표 등)

를 직접 보유하고 있지 않은 기업도 연구소 중심의 기술경영 전략을 통해 우회적으로 기술성을 증명할 수 있다.

마지막으로, 연구소는 인재 확보와 기업 이미지 제고에도 중요한 역할을 한다. 연구소 명함을 통해 조직도를 명확히 제시하고, 산학협력 체결이나 R&D 중심 채용공고 시 기술기업이라는 신뢰를 형성하는 데 긍정적으로 작용한다.

결국 기업부설연구소는 단순한 등록이 아니라, 세무 전략, 정부과제, 인증, 인재 채용까지 연결되는 종합 플랫폼이라 할 수 있다.

5. IP-R&D 전략과의 연계

기업부설연구소는 IP 전략의 실행 주체가 될 수 있다. 예를 들어, 발명의 출원 주체가 "기업부설연구소"로 기재되면 직무발명 보상제도 운영이나 R&D 실적 관리 시 분명한 경계가 형성된다. 또한 기술이전, 기술평가, 특허 연계 과제 등 IP를 기반으로 하는 각종 지원사업에서도 '연구소 소속 R&D'로서 활동 범위가 넓어진다. 특히 IP 전략이 단순한 특허 출원에 그치지 않고, R&D 과정과 맞물려야 실효성을 가진다. 기업부설연구소는 이러한 통합 전략의 핵심 기반이 된다.

6. 설립 이후 관리 노하우

기업부설연구소는 등록 이후에도 일정한 관리와 유지 노력이 필요하다. 단순히 등록증을 발급받는 것으로 끝나는 것이 아니라, 실제 연구활동이 지속되고 있다는 증빙과 내부 운영의 투명성이 뒷받침되어야 한다. 그렇지 않으면 정기점검에서 '유령 연구소'로 분류되어 등록 취소의 불이익을 받을 수도 있다.

먼저, 연구일지 및 실적 관리는 가장 기본이자 핵심적인 관리 항목이다. 한국산업기술진흥협회(KOITA)는 일정 주기로 등록된 기업부설연구소에 대해 정기점검을 실시하며, 이때 연구개발 일지, 과제 수행 결과, 연구실적 보고서 등의 자료 제출을 요구한다. 따라서 연구소는 R&D 활동 내역을 수시로 기록하고, 연구의 진행 상황과 산출물을 체계적으로 정리해 두는 습관을 갖는 것이 중요하다.

두 번째는 연구과제에 대한 회계 분리 관리이다. 정부지원과제를 수주하거나 내부 R&D 비용을 집행할 경우, 일반 경영비용과 혼합되지 않도록 연구비용 항목을 분리하여 회계처리해야 한다. 이는 단순한 회계관리 차원을 넘어서, 향후 세무조사에서 불필요한 오해나 비용 부적정 지적을 예방하는 데도 결정적인 역할을 한다. 특히 정부과제를 수주한 기업은 과제별로 계정을 분리하여 관리해야 하며, 연구비 전용 통장을 운용하는 것이 안전하다.

마지막으로, 정관 유지와 전담 인력 변경 시 보고 의무도 간과해서는 안 되는 요소다. 연구소 등록의 전제조건이 되는 정관(목적사업에 R&D 명시)이 변경되거나, 등록 당시의 전담 연구인력이 퇴사 또는 다른 부서로 이동하게 되는 경우, 그 내용을 KOITA에 반드시 즉시 보고해야 한다. 보고를 누락하거나 지연할 경우, 연구소 유지 요건을 상실할 수 있고, 각종 세제혜택이나 과제 참여 자격에도 영향을 미칠 수 있다.

결론적으로, 기업부설연구소는 단순한 등록보다도 운영과 관리가 훨씬 중요하다. 연구소를 장기적 자산으로 활용하기 위해서는 기록·회계·보고 체계를 정립해 두는 것이 가장 안전한 관리 전략이다.

김 대표의 Q&A

Q. 매출이 전혀 없는 스타트업도 연구소 설립이 가능한가요?

매출 여부와 무관하게, 전담 연구인력과 연구 공간이라는 기본 요건만 충족하면 설립이 가능합니다.

Q. 설립 이후 어떤 세제 혜택이 주어지나요?

세액공제부터 인건비 비과세, 정부과제 참여 우대까지 이어지는 실질적인 재무적 혜택이 있다고 답할 수 있습니다.

Q. 연구소를 만들면 어떤 인증에서 유리해지나요?

벤처기업 인증, 이노비즈, 메인비즈 같은 기술성 평가 기반 인증에서 가산점을 받을 수 있다는 것이 핵심입니다.

Q. R&D 인력을 두지 못하는데 연구소 설립이 의미 있나요?

무리하지 마시고 충분한 준비 후 설립을 미루는 것이 바람직하며, 경우에 따라서는 공동연구소, 산학협력 연구소 같은 간접적 대안도 고려해 볼 수 있습니다.

6장.

기술을 자본으로 바꾸는 방법, 기술평가와 현물출자

대표님들이 자주 묻는 질문

Q1. 우리 회사도 기술을 자본금으로 넣을 수 있나요?
Q2. 기술의 가치는 누가, 어떻게 평가하나요?
Q3. 감정평가 후 세무처리는 어떻게 되나요?
Q4. 기술을 대표 명의로 등록해 두면 어떤 절세 혜택이 생기나요?

1. 기술을 자본금으로 바꾸는 방법

자본금은 현금뿐만 아니라 일정 요건을 갖춘 현물자산으로도 출자할 수 있다. 특히, 특허권·소프트웨어·영업비밀 등 IP 자산을 가진 창업자에게 있어 기술현물출자는 기업의 재무 기반 강화와 지분율 확보에 있어 매우 효과적인 수단이다.

항목	요건
자산 성격	식별 가능해야 함(특허권 등록, 저작권 등록 등)
평가 절차	제3자 기술평가기관에 의한 공정가치 평가
자본금 반영	납입기일 내 기술 평가서 제출 및 등기

2. 기술현물출자 절차 요약

기술현물출자는 눈에 보이지 않는 기술이나 특허를 회사의 자산이자 자본금으로 인정받게 하는 강력한 수단이다. 하지만 이러한 권리를 기업의 자본으로 편입하기 위해서는 정해진 절차와 평가 방식을 충실히 따라야 한다. 절차는 총 다섯 단계로 요약할 수 있다.

첫째, 기술 내용을 정리하는 일부터 시작된다. 이는 단순한 문서 작업이 아니라, 해당 기술이 특허, 소프트웨어, 노하우 등 무형자산으로서 법적 자격을 갖추었는지를 분명히 하는 과정이다. 자산의 성격과 구체적 권리 범위를 명확히 정리해야 한다.

둘째, 평가를 맡길 전문 평가기관을 선정해야 한다. 대표적인 기관으로는 한국발명진흥회, 기술보증기금, 민간 기술가치평가 법인 등이 있다. 이때 중요한 것은 기관의 공신력과 법적 인용 가능성이다. 목적이 '자본금 증자'라면, 해당 기관이 법원 등기소에서 인정받을 수 있는 곳인지 반드시 확인해야 한다.

셋째, 평가기관에 기술 평가를 의뢰하고, 정식 보고서를 확보한다. 이 평가보고서가 기술의 시장가치를 수치화하는 핵심 문서이며, 이후 법인등기 및 세무신고의 기준이 된다.

넷째, 변호사 또는 회계사의 자문을 받아 자본금 증자 절차를 진행한다. 기술을 현물로 출자하려면 등기 요건을 갖춘 서류와 주식 배정 방식에 대한 전문적인 법률 검토가 필요하다. 이 과정에서는 기술을 제공한 사람과 법인의 관계, 지분율 변경 등이 중요한 요소로 작용한다.

다섯째, 모든 서류를 구비한 후 법원 등기소에 자본금 변경 등기를 신청하고, 사업자등록증도 정정하여 신규 자본금이 반영되도록 마무리해야 한다.

해당 절차 중에서 핵심은 '평가기관의 신뢰성과 평가 방식의 적정성'이다. 기술평가액이 너무 높거나 불합리한 방식으로 산정되면, 이후 세무조사에서 부당행위계산 부인이나 증여세 문제로 이어질 수 있다. 따라서 평가는 '가장 높게'가 아니라, '적정한 시기와 방식으로, 설득력 있게' 이루어져야 한다. 기술이 자산이 되는 이 시대, 그 가치를 어떻게 기록하고 증명할 것인가는 기업의 성장 방향과 재무 안정성에 직결되는 문제다. 기술현물출자는 바로 그 시작점이 될 수 있다.

3. 무형자산 회계처리의 핵심: 자산으로서 IP의 위치

기술이 현물출자로 편입되면, 이는 단순한 아이디어가 아닌 회계상 자산으로 취급된다. 회계 기준에 따라 특허권이나 소프트웨어와 같은 무형자산은 자산 계정에 등재되며, 일정 기간에 걸쳐 감가상각이 이루어진다. 예를 들어, 특허권은 보통 5~10년, 소프트웨어는 4~5년의 감가상각 기간을 기준으로 매년 일정액이 비용으로 계상된다. 이는 단순한 회계 기록이 아니라, 기업의 손익계산서에 영향을 미치며 법인세 절감 효과까지 가져온다. 즉, 기술이 자산화되는 순간부터는 재무적으로도 적극적인 절세 전략의 수단이 될 수 있는 것이다.

4. 기술평가기관 선정 요령: 누구에게 맡기느냐가 중요하다

기술현물출자에서 가장 민감하고 중요한 요소 중 하나가 바로 평가기관의 선택이다. 평가기관은 크게 공공기관과 민간기관으로 나뉘며, 목적에 따라 선택 기준도 달라진다. 공공기관으로는 한국발명진흥회, 기술보증기금, 중소기업기술정보진흥원 등이 있으며, 민간기관에는 회계법인, 기술가치평가 전문기관 등이 있다. 여기서 중요한 팁은 세 가지다.

첫째, 등기 목적이라면 반드시 법원 등기소에서 인정하는 평가기관인지 확인해야 한다.

둘째, 세무 목적이라면 국세청에서 인정하는 평가기관이어야 한다. 그렇지 않으면 세무상 비용 인정이 거절될 수 있다.

셋째, 만약 평가 보고서를 투자 유치나 IR 자료로 활용하려는 경우, 단순 수치보다도 보고서의 설득력, IP 전문가 참여 여부가 관건이 된다.

기술평가는 숫자만으로 이루어지는 것이 아니다. 기술의 잠재력, 시장 연계성, 구현 수준 등 전문성과 논리가 결합된 분석이 필요한 분야다.

5. 기술현물출자의 세무 리스크: 적정한 평가가 방패다

기술현물출자에는 법인세 측면의 이점이 크지만, 몇 가지 세무적 주의사항도 반드시 짚고 넘어가야 한다. 가장 대표적인 리스크는 기술가치를 과도하게 부풀린 경우다. 이 경우 세무당국은 이를 증여세 부과 대상이나 부당행위계산 부인 사유로 판단할 수 있다. 특히 대표이사 또는 특수관계인이 출자한 경우엔 더 엄격하게 들여다본다.

또한, 현물출자 이후 해당 기술을 이용한 회사와의 지속적인 내부거래가 반복될 경우, 불공정 거래로 간주되어 세무조사 대상이 될 수 있다. 예컨대 출자한 기술로 계속 용역을 받고, 이익을 배분받는 구조가 합리적으로 정립되지 않았다면 문제가 발생할 수 있다.

지식재산권(IP)은 더 이상 단순한 보호 대상이 아니다. 기술현물출자를 통해 IP를 자본금으로 바꾸고, 무형자산으로 회계 처리하며, 재무전략의 핵심 자원으로 삼는 것이 지금 시대의 흐름이다. 그러나 중요한 것은 기술의 실제 내용, 평가기관의 선택, 세무적 리스크 회피 전략이 모두 적절히 설계되어야 한다는 점이다. IP를 그저 '등록되어 있는 권리'에서 '사업을 견인하는 자산'으로 바꾸는 과정, 바로 이것이 이 장의 핵심이며, 진짜 IP 전략의 출발점이다.

김 대표의 Q&A

Q. 우리 회사도 기술을 자본금으로 넣을 수 있나요?

네, 기술이 일정 가치 이상으로 평가되면 현물출자 방식으로 자본금 전환이 가능합니다.

Q. 기술의 가치는 누가, 어떻게 평가하나요?

공인된 기술평가기관이 시장성과 기술성 등을 바탕으로 보고서를 작성해 평가합니다.

Q. 감정평가 후 세무처리는 어떻게 되나요?

평가액은 무형자산으로 회계 처리되며, 감가상각을 통해 법인세 절감 효과가 생깁니다.

Q. 기술을 대표 명의로 등록해 두면 어떤 절세 혜택이 생기나요?

법인 명의로 이전하여 출자하면, 급여보다 유리한 비용 처리가 가능해져 절세 효과가 큽니다.

7장.

IP 기반 기업 성장 로드맵

대표님들이 자주 묻는 질문

Q1. 창업 초기에 어떤 IP부터 확보해야 하나요?

Q2. 기업이 커질수록 IP 전략도 바뀌어야 하나요?

Q3. IP가 실제 수익으로 이어지는 구조는 어떤 형태인가요?

Q4. 기술이전이나 라이선스는 언제부터 검토할 수 있나요?

1. 왜 'IP 로드맵'이 필요한가?

다수의 스타트업과 중소기업은 기술과 브랜드는 뛰어나지만, 어떤 시점에 어떤 지식재산 기반 전략을 활용해야 하는지는 무지하다. 무형자산이 곧 기업의 미래가 되는 시대, IP는 단순한 '권리'가 아니라 '성장 전략'의 핵심축이다. 투자 유치도, 정부 인증도, R&D 사업도 결국은 IP 위에서 움직인다.

이 장에서는 회사의 성장 시점별로 반드시 챙겨야 할 IP 전략을 단계별로 나누어 소개한다. 성공한 기업들은 결코 IP를 '나중에 챙길 일'

로 생각하지 않는다. 회사의 밸류를 키우고 싶다면, 지금 당장 IP 로드맵을 손에 쥐고 시작하길 권장한다.

2. 설립 1~3년 차: 상표·특허 선점과 보호

기업이 막 설립된 초기 단계에서는, 눈앞의 매출이나 제품 완성보다 '기초를 어떻게 설계하느냐'가 더 중요한 관점이다. 특히 지식재산권(IP)의 경우, 해당 시기를 놓치면 이후의 브랜드 분쟁, 특허 선점 이슈, 기술 도용 등의 리스크에 노출되기 쉽다.

가장 먼저 챙겨야 할 것은 상표권 확보다. 회사명, 서비스명, 제품명은 모두 브랜드 자산이며, 대한민국은 선출원주의를 따르기 때문에 나중에 아무리 오래 써왔더라도 먼저 등록한 사람이 권리를 갖는다. 따라서 설립 직후 바로 상표 출원을 진행하는 것이 가장 현명하다. 특히 도메인, SNS 계정 등을 선점할 때 상표권 확보는 브랜드 보호의 핵심이 된다.

다음은 기술 아이디어에 대한 특허 출원 전략이다. 제품이나 서비스가 아직 완성되지 않았더라도, 핵심 기능이나 차별적 기술 요소가 있다면 특허로 정리하는 작업을 조기에 시작해야 한다. 이때 중요한 것은 단순한 아이디어 수준이 아니라, 어떻게 작동하고 어떤 기술적 효과를 내는지를 명확하게 설명하는 것이다. 이 과정을 거치면 기술이 구체화되고, 나중에 R&D나 개발 투자를 받을 때도 더 신뢰감 있는 설명이 가능해진다.

이 단계에서는 또한 IP 포트폴리오를 묶음 전략으로 설계해 두는 것이 좋다. 상표, 특허, 디자인을 분리해서 관리하기보다는 하나의 브랜드 또는 제품에 대해 다각도로 권리를 겹겹이 씌우는 방식으로 기획하면, 후속 투자 유치, 인증, 파트너십에서 훨씬 강력한 증거자료가 된다.

3. 3~5년 차: 인증·정부과제·IP-R&D 연계

창업 3년 차를 넘어가면, 기업은 생존 단계를 벗어나 성장과 외부 신뢰 확보를 본격적으로 고민하게 된다. 이 시기에는 기술만큼이나 제도 활용 전략이 중요해진다.

먼저, 벤처기업 인증은 외부 투자자나 정부 과제를 준비할 때 핵심적인 신뢰 지표로 작용한다. 특허는 기술성 평가 항목에서 가장 영향력이 큰 항목이며, 상표나 디자인도 브랜드 완성도와 시장성을 평가하는 데 긍정적인 요소로 작용한다. IP를 체계적으로 보유하고 있는 기업일수록 벤처 인증의 통과 가능성이 높다. 또한 기업부설연구소 설립도 이 시기에 고려할 만한 중요한 전략이다.

연구소를 설립하면 연구개발비 세액공제, 인건비 비과세, 정부 R&D 과제 가점 등 다양한 혜택을 누릴 수 있으며, 회사 구조상 R&D 활동이 명확히 드러나므로 이후 기술이전, 정부협약, 스마트공장 지원 사업 등에서도 매우 유리하다.

이 시기의 핵심은 IP와 R&D의 연계 전략이다. 예를 들어 정부과제를 수주한 뒤, 해당 과제에서 나온 기술 결과물을 특허로 등록하면, 기업의 무형자산이 증가하고 또 다른 정부 지원 과제의 기반이 된다. 이처럼 R&D 활동과 특허 전략이 따로 노는 것이 아니라, 연결된 순환 구조를 만드는 것이 매우 중요하다.

4. 5년 이후: 기술이전, 프랜차이즈, IP금융

설립 5년을 넘긴 기업은 점차 사업 확장, 수익 다변화, 자산 활용이라는 키워드를 중심으로 경영 전략이 바뀌기 시작한다. 이 단계에서 IP는 단순한 권리나 인증 수단이 아니라, 수익을 창출하는 수단으로 기능해야 한다.

우선, 기술이전 및 라이선스 수익화 전략이 있다. 외부 기업에 자사의 특허 기술을 이전하거나 사용권(라이선스)을 부여하고, 그 대가로 로열티를 받는 구조다. 기술이전은 초기 개발비를 회수하는 수단이자, 기술을 다양한 방식으로 활용할 수 있는 통로이기도 하다.

다음으로는 프랜차이즈 모델이 있다. 상표, 디자인, 영업비밀 등을 묶어 브랜드화한 뒤, 점포 확장이나 타 기업 라이선싱 방식으로 외부에 제공하는 전략이다. 이 방식은 브랜드의 신뢰도와 특허 기반 운영 매뉴얼이 있을수록 더욱 고부가가치를 만들 수 있다.

마지막으로, IP 금융 활용이 있다. 특허 등의 IP를 기술평가를 통해 가치화한 후, 이를 담보로 은행 대출이나 투자 유치를 받는 구조다. 최근에는 특허 자산을 기반으로 하는 IP담보대출, IP펀드 유치, 특허유동화 등 다양한 금융 기법이 도입되고 있으며, 특허를 자본화한 기업은 그 자체로 재무 건전성이 향상되는 효과도 기대할 수 있다.

김 대표의 Q&A

Q. 창업 초기에 어떤 IP부터 확보해야 하나요?

상표와 핵심 기술 특허부터 선점하세요. 브랜드와 기술은 초기에 가장 자주 도용됩니다.

Q. 기업이 커질수록 IP 전략도 바뀌어야 하나요?

네. 초기엔 보호 중심, 중기엔 인증 연계, 후기엔 수익화 전략으로 전환해야 합니다.

Q. IP가 실제 수익으로 이어지는 구조는 어떤 형태인가요?

기술이전, 라이선스, IP담보대출, 프랜차이즈 등으로 수익화할 수 있습니다.

Q. 기술이전이나 라이선스는 언제부터 검토할 수 있나요?

등록 후 기술 완성도와 시장성이 확보되면 언제든 가능합니다. 3~5년 차가 적기입니다.

에필로그.

IP로 돈을 버는 기업 vs 허울뿐인 IP 보유 기업

대표님들이 자주 묻는 질문

Q1. 특허는 많이 등록할수록 좋은가요?
Q2. 우리 회사의 IP가 수익화될 수 있는지 판단하는 기준이 있을까요?
Q3. 기술이 있는데도 매출로 이어지지 않는 이유는 뭘까요?
Q4. IP로 수익 내는 회사들은 구체적으로 어떤 전략을 쓰고 있나요?

1. IP, '보유'보다 '활용'이 핵심이다

다수의 기업들이 기술개발을 마친 뒤 특허 등록을 완료하면, 마치 하나의 과업을 끝낸 듯 안심한다. 그러나 특허가 단순히 등록되었다고 해서 곧바로 회사에 수익을 가져다주는 것은 아니다. 오히려 이 시점부터가 진짜 IP 전략의 시작이라고 할 수 있다. 중요한 것은 특허의 '보유' 자체가 아니라, 그것을 '어떻게 활용하느냐'이다.

특허증이 사무실 벽에 걸려 있는 것만으로는 어떤 경제적 가치도 발생하지 않는다. 진정한 IP 전략이란, 해당 기술이 실제로 시장에서 어떤 방식으로 수익을 낼 수 있을지를 함께 설계하는 과정이어야 한다. 실제로 많은 중소기업 대표들이 "특허는 몇 개씩 있는데 매출이 늘지 않는다"라고 하소연한다. 이는 특허를 출원하고 등록하는 데만 집중하고, 정작 그 특허를 어떻게 실용화할 것인지, 즉 사업 모델과 어떻게 연결시킬 것인지에 대한 전략이 부재한 경우가 대부분이기 때문이다. '선등록, 후방치' 상태가 반복되면, 결국 IP는 자산이 아니라 비용이 된다.

2. IP로 돈을 버는 기업의 공통점

IP를 통해 실제 수익을 창출하는 기업들은 몇 가지 공통된 전략을 가지고 있다.

첫째, 기술을 단순히 보유하는 데 그치지 않고, 이를 기반으로 명확한 수익 모델을 설계한다. 예를 들어, A사는 고분자 신소재 기술에 대한 원천특허를 보유한 뒤, 이를 제조 원료로 사용하는 OEM 업체들과 계약을 체결해 연간 수십억 원에 달하는 로열티 수익을 창출하고 있다. 기술이 곧 장기적인 현금 흐름의 기반이 된 것이다.

둘째, IP 포트폴리오를 사업 확장의 핵심 도구로 활용한다. 예를 들어, B사는 핵심 상표권과 디자인권을 기반으로 프랜차이즈 사업을 전개하였으며, 현재는 전국 200여 개 가맹점을 보유하고 있다. 이 회사는 단순히 제품을 납품하는 데 그치지 않고, 브랜드 사용권에 대한 사용료를 통해 안정적인 고정 수익을 확보하고 있다.

셋째, 기술을 직접 구현하는 데만 매달리지 않고, 오히려 외부와의 공동개발(R&D) 및 기술이전 계약을 적극적으로 추진한다. 예를 들어, C사는 자사의 핵심 기술을 기반으로 대기업과 공동 개발을 추진해, 양산 특허뿐만 아니라 후속 기술까지 확보하는 데 성공했다. 이처럼 기술은 때때로 직접 사업보다도 협력 자산으로서 더 큰 가치를 발휘할 수 있다.

3. 허울뿐인 IP 보유 기업의 특징

반대로, 겉으로는 특허 등이 많아 보이지만 실질적인 효과는 미비한 '허울뿐인 IP 보유 기업'도 적지 않다. 이들 기업의 가장 큰 문제는 IP의 수는 많지만 내용이 중복되거나, 사업과의 연결고리가 희박하다는 점이다. 기술 간의 유기적인 연계 없이 흩어진 IP는 오히려 관리 부담만 키우게 된다.

또한, 직무발명 보상제도와 같은 제도적 기반 없이 인재 관리에 소홀하다 보니, 기술 인력이 외부로 빠져나가면서 IP의 내재화에도 실패하는 경우가 많다. 사업계획서와 IP 전략이 따로 노는 점도 치명적이다. 기술서류는 형식적으로 잘 갖춰져 있지만, 정작 그것이 사업 모델이나 매출 전략에 녹아들지 못하는 경우가 허다하다.

특히, 정부 과제 수주를 위한 '모양새용' 특허 등록만 반복하는 경우도 있다. 이러한 기업은 짧은 기간에는 기술성 평가나 IR에서 좋은 점수를 받을 수 있겠지만, 결국 투자자나 심사자들로부터 '기술경영 역량이 부족하다'는 평가를 받을 수밖에 없다.

4. IP 수익화의 단계별 접근

진정한 IP 경영은 다음의 세 가지 단계를 유기적으로 연계하는 데에서 시작된다.

첫 번째는 보호 단계이다. 해당 단계에서는 자사의 핵심 기술, 브랜드, 디자인을 특허권·상표권·디자인권 등으로 우선 선점하는 것이 중요하다. 아이디어가 외부에 공개되기 전에 권리를 확보하는 것이 리스크를 줄이고 협상의 주도권을 갖게 하는 열쇠이다.

두 번째는 활용 단계이다. 보호받은 IP를 기반으로 제품화, 공동 연구개발, 정부 과제 수주 등에 연계시키는 전략이다. 이 과정에서 IP가 실제 사업에 투입되고, 시장 반응과 고객 피드백을 통해 다듬어지게 된다.

마지막으로 수익화 단계이다. 해당 단계에서는 기술이전, 라이선스, 프랜차이즈, IP 담보 대출, 투자 유치 등의 방식으로 IP가 실질적인 현금 창출 수단으로 작용한다. 요약하자면, 수익화는 보호가 전제되어야 가능하며, 활용은 그 중간다리 역할을 한다. 상기 세 단계가 유기적으로 잘 엮일 때 비로소 'IP 경영'이 사업 성장의 중심축으로 자리 잡을 수 있다.

단계	전략	주요 포인트
1단계	보호	핵심 기술, 브랜드를 특허·상표·디자인으로 선점
2단계	활용	제품화, 공동 R&D, IP-R&D 연계 사업 반영
3단계	수익화	라이선스, 기술이전, 프랜차이즈, IP 담보대출 등

김 대표의 Q&A

Q. 특허는 많이 등록할수록 좋은가요?

꼭 그렇지만은 않습니다. 사용하지 않는 특허는 비용만 발생하며, 오히려 전략적 출원과 포트폴리오 설계가 중요합니다.

Q. 우리 회사의 IP가 수익화될 수 있는지 판단하는 기준이 있을까요?

기술이 시장에서 어떤 문제를 해결하며, 그에 대한 대가를 지불할 고객이 있는지 여부입니다.

Q. 기술이 있는데도 매출로 이어지지 않는 이유는 뭘까요?

기술이 '사업 모델'로 연결되지 않았거나, 그 가치를 설득할 자료(평가서, 성능지표 등)가 부족해서입니다.

Q. IP로 수익 내는 회사들은 구체적으로 어떤 전략을 쓰고 있나요?

대부분 '기술 + 사업화 로드맵'을 병행하고, 초기부터 IP를 금융·마케팅·영업 전략에 통합해 활용합니다.

Chapter 5

회사를 만드는 순간부터 세무조사 리스크 관리

1장.

세무조사는 왜, 누구에게 오나?

세무조사(稅務調査)는 말 그대로 국세청이 납세자의 세금 신고 내용이 정확한지 조사하는 절차이다. 많은 사업자와 납세자들이 세무조사 통지서를 받으면 막연한 불안과 두려움을 느낀다. 왜 국세청은 세무조사를 할까? 그리고 세무조사는 누구에게 찾아오는 걸까? 이 장에서는 세무조사의 목적과 필요성, 그리고 어떤 사람들이 세무조사 대상이 되는지 알아보겠다. 또한 업종별 실전 사례와 함께, 납세자가 흔히 저지르는 실수와 세무조사를 부르는 요인들을 살펴보고자 한다. 이를 통해 세무조사에 대한 막연한 공포를 줄이고 미리 대비할 수 있는 실전 가이드를 제공한다.

1. 세무조사의 목적과 필요성

세무조사는 국가 재정과 조세 정의를 지키기 위해 꼭 필요한 과정이다. 국세청은 한정된 조사 인력으로 모든 납세자를 조사할 수 없기 때문에 위험도가 높거나 탈세 혐의가 있는 경우를 중심으로 선택적으로

조사를 진행한다. 세무조사의 주요 목적은 다음과 같다:

- **성실신고 유도**: 정직하게 세금을 신고·납부하는 다수의 납세자들이 손해 보지 않도록, 탈세를 시도하는 일부를 적발하여 공평과세를 실현한다. 세무조사가 존재한다는 사실만으로도 납세자들은 세금을 성실히 신고해야겠다는 압박을 느끼게 되어 자발적 세금 준수를 높이는 효과가 있다.
- **탈루세액 추징**: 신고하지 않았거나 속인 세금을 찾아내 추징함으로써 조세 수입을 확보한다. 이는 국가 재정 건전성에 기여하고 조세 정의를 실현하는 데 중요하다.
- **조세범 처벌**: 고의적이고 악의적인 조세포탈 행위를 밝히고, 필요한 경우 조세범칙조사를 통해 형사처벌까지 이르게 함으로써 탈세에 대한 엄정한 경고를 준다.

최근 세무조사의 방식은 과거에 비해 크게 변화하고 있다. 빅데이터 분석과 AI 기법을 도입하여 비정상적인 거래 패턴을 조기에 포착하고 더 정밀하게 조사 대상을 선정한다. 그만큼 탈세 위험이 높은 사람을 정확히 찾아내어 조사하게 되었고, 세무조사 리스크는 과거보다 커지고 있는 추세다.

이러한 변화 속에서 과거에 효과적이던 대응 방식이 더 이상 통하지 않을 수 있으므로, 납세자는 투명한 세무 관리와 철저한 신고 전략을 새롭게 수립할 필요가 있다.

그러나 너무 두려워할 필요는 없다. 세무조사의 선정 기준, 진행 방법, 사후 대응 요령 등을 미리 알고 대비하면 세무조사로 인한 위험을 크게 줄일 수 있다. 심지어 세무조사를 통해 기업이나 개인의 세무 리스크를 점검하고, 합법적이고 효율적인 절세 전략을 마련하는 기회로 삼을 수도 있다.

2. 세무조사는 누구에게 찾아오나?

흔히들 "나는 작은 가게인데 세무조사 안 오겠지?" "성실히 세금 냈으니 문제없을 거야"라고 생각하지만, 세무조사는 규모나 업종을 막론하고 모든 납세자에게 올 수 있다. 다만 어떤 납세자가 조사 대상으로 선정되는지에는 일정한 기준과 경향이 있다. 국세청은 한정된 인력으로 최대 효과를 내기 위해, 위험도 높은 납세자를 우선 선정하게 마련이다. 그렇다면 구체적으로 어떤 경우 세무조사를 받게 될 가능성이 높을지, 정기조사와 비정기조사, 기획조사, 조세범칙조사로 나누어 살펴보겠다.

1) 정기세무조사 - 주기적으로 누구나 받는다?

정기세무조사란 국세청이 사전에 정한 주기와 기준에 따라 일정 수준 이상의 납세자를 주기적으로 선정해 실시하는 조사다. 모든 납세자가 대상은 아니며, 주로 기업 규모가 크거나 수입금액이 많은 사업자들이 해당된다. 국세청은 법인과 개인사업자에 대해 다음과 같은 주기적 조사 원칙을 두고 있다.

- **대기업 및 규모 큰 법인**: 연 매출액이 매우 큰 법인은 5년 주기로 정기 세무조사를 받는 것이 원칙이다. 예를 들어 연 매출 2,000억 원 이상의 법인은 통상 5년마다 한 번씩 순환조사를 받도록 국세청 내부 지침에 정해져 있다.
- **고소득 개인사업자**: 개인사업자 중에서도 연간 사업소득 500억 원 이상인 규모 큰 사업자는 5년 주기의 정기조사 대상이 된다. 다만 전문직 등 일부 업종은 기준이 조금 낮아서, 연소득 200억 원 이상 전문직 사업자도 5년 주기 조사에 포함될 수 있다.
- **장기간 미조사자**: 위에 해당하지 않더라도 오랜 기간 세무조사를 받지 않은 납세자는 정기선정될 수 있다. 법인이나 개인이 최근 4개 과세기간(4~5년) 이상 조사받지 않았다면, 규모와 업종을 고려해 성실신고 여부를 한번 점검해 볼 필요가 있다고 판단, 정기조사 대상으로 선정하기도 한다.

정기세무조사는 기본적으로 신고성실도 평가를 바탕으로 이루어진다. 국세청은 각 납세자의 과거 신고 내역, 동종 업계 평균, 외부감사 결과 등의 자료를 종합해 성실도 점수를 매기고 이 점수가 낮거나 이상 징후가 있는 경우 우선적으로 조사 대상으로 선정한다.

정기세무조사는 대체로 예측 가능성이 있다. 규모가 큰 기업이라면 몇 년 주기로 오는 것이고, 특별한 탈세를 하지 않았다면 통상적인 검증 절차로 마무리된다. 실제로 성실히 회계를 관리해 온 기업들의 경우 정기조사에서 추징세액이 거의 없거나 가벼운 수정 신고로 끝나는 사례도 많다.

2) 비정기세무조사 - 탈세 혐의자에게 수시로 온다

정기조사가 예정된 검사라면, 비정기세무조사는 예고 없이 불시에 찾아오는 검사라고 할 수 있다. 말 그대로 정기적이지 않게 수시로 발생하는 조사인데, 주로 탈루 혐의나 특이사항이 포착된 경우에 실시된다. 국세청은 **"납세자는 원칙적으로 성실신고하는 것으로 추정"**하지만, 아래와 같은 경우에는 그 추정을 깨고 비정기 조사를 실시한다고 밝히고 있다.

- **탈세 제보가 있는 경우**: 가장 대표적인 비정기조사 사유로, 내부 직원이나 거래처, 경쟁자 또는 주변인의 탈세 제보가 접수되면 사실관계를 확인하기 위해 비정기 세무조사가 나올 가능성이 높다.
- **현장정보 포착(세원정보 분석)**: 국세청 직원들이 평소 수집한 세원정보나 현장 동향 정보에 의해 특정 납세자의 탈루 혐의가 포착되는 경우다. 예를 들어 어느 음식점이 카드매출에 비해 현금매출 비중이 지나치게 높다든가, 부동산 거래 관련 수상한 움직임이 관찰된다든가 하는 상황이다.

- **FIU 통보(금융거래 포착)**: 금융정보분석원(FIU)으로부터 이상 금융거래 자료가 통보되는 경우다. 예컨대 사업자 A의 계좌에서 거래 규모에 비해 현금 입출금이 빈번하거나, 명의가 다른 여러 계좌로 분산 입금되는 패턴 등이 발견되면 FIU가 탈세 혐의 정보를 국세청에 제공하고, 국세청은 해당 사업자를 비정기조사 대상으로 선정할 수 있다. 실제로 차명계좌를 활용해 매출을 빼돌린 사례들이 FIU 정보로 적발되고 있다. 이러한 금융정보 기반 조사 역시 사전 예고 없이 진행된다.
- **무신고·악의적 탈루**: 아예 세금 신고 자체를 하지 않았거나, 이중장부 등 명백한 조세포탈 행위가 의심되는 경우엔 비정기조사가 시작될 수 있다. 이런 경우는 납세자를 성실하다고 추정할 수 없는 상황이므로, 국세청장 승인하에 사전통지를 생략하고 바로 조사에 착수하기도 한다. 예를 들어 허위세금계산서 수수로 탈세한 정황이 포착된 경우 등이 이에 해당한다.

비정기조사는 주로 **"탈세혐의 조사"**라고 볼 수 있으므로, 국세청의 시각에서는 증거를 잡고 하는 조사다. 따라서 정기조사보다 더 엄정하고 심도 있게 진행되는 경향이 있다. 특히 자료상(가짜 세금계산서 거래업자), 현금탈루 업종 등 악의적 탈세자로 분류되면 조사 인력과 기간을 대폭 투입하여 철저히 파헤치게 된다.

3) 기획세무조사 - 특정 업종과 이슈를 노린다

기획세무조사란 국세청장이 특정 분야의 탈세 문제를 시정하기 위해 별도로 계획하여 실시하는 조사를 말한다. 쉽게 말해 "이번에는 ○○ 업종을 집중 조사하자"라는 식으로 특정 업종·계층·거래유형 등에 대해 전국적으로 동시다발적으로 시행하는 특별조사다. 기획조사는 일종의 비정기조사의 일환이지만, 그 범위와 목표가 국세청 내부 기획에 따라 정해진다는 점이 특징이다.

국세청은 해마다 조세정책 방향, 사회적 이슈, 경제 동향 등을 고려하여 몇 가지 분야를 선정하고 기획조사를 벌인다. 예를 들어 부동산 투기억제 정책이 강조될 때는 부동산 거래 관련 탈세를 기획조사하고, 소득 양극화 문제가 대두되면 고소득 전문직 사치성 탈세를 테마로 조사하기도 한다. 최근 사례를 보면, 코로나19 시기에 반사이익을 누린 일부 병원·의원들의 탈세, 주식·코인 열풍을 악용한 리딩방 사기와 탈세, 서민 대상 불법 대부업 고리이자 수익 누락 등이 사회 문제로 지목되었고, 국세청은 이를 **"민생침해 탈세자 특별조사"**라는 이름으로 기획세무조사를 실시했다.

기획세무조사는 동일 업종이나 유형에 속한 다수의 납세자를 동시에 조사하므로, 한꺼번에 많은 조사 인력이 동원된다. 종종 언론 보도자료를 통해 "국세청, ○○업종 100명 동시 세무조사 착수"와 같은 기사가 나오는데, 이것이 바로 기획조사의 시작을 알리는 것이다. 예컨대 국세청은 2025년 초 산후조리원 스드메 영어유치원 업체를 전국 동시 세무조사했다고 밝힌 바 있다. 이러한 기획조사는 사전에 대상자를 선정해 두었다가 같은 날 일제히 통지서를 발송하고 조사에 착수하는 것이다. 이는 관련 탈세자들이 서로 소문을 듣고 대비하거나 증거 인멸을 할 틈을 주지 않기 위한 전략이다.

4) 조세범칙조사 - 악의적 탈세자의 최후

앞서 정기·비정기·기획조사는 모두 일반 세무조사 범주에 속한다. 조사 과정에서 잘못 신고한 세금이 발견되면 추징세액과 가산세가 부과되는 행정처분으로 끝난다. 그러나 조세범칙조사는 차원이 다르다. 이것은 조세범 처벌법에 따라 진행되는, 말하자면 **"세금범죄 수사"**이다. 국세청 조사관이 검찰·경찰에 준하는 강제수사 권한을 일부 부여받아, 압수수색과 심문을 통해 증거를 확보하고 조세범을 형사처벌하는 절차다.

어떤 경우에 조세범칙조사를 하느냐? 단순 과실이나 실수로 세금을 적게 낸 정도라면 범칙조사까지 가지 않는다. 고의적이고 악의적인 탈세, 즉 **"사기 기타 부정한 행위"**에 의한 조세포탈 혐의가 있을 때 개시된다. 조세범처벌법은 이중장부 작성, 허위계약, 가짜 세금계산서 수수, 장부의 파기 등 명백한 부정행위로 세금을 포탈한 경우를 처벌대상으로 규정한다. 국세청도 이러한 행위를 저지른 혐의자가 있으면 처음부터 범칙조사로 선정하거나, 또는 일반 세무조사 도중 그런 정황이 드러나면 조사 유형을 범칙조사로 전환한다.

조세범칙조사의 대상자 선정 기준에는 포탈한 세액 규모 등이 고려된다. 예를 들어 연간 포탈세액이 5억 원 이상이면 범칙조사 대상으로 분류하는 등의 내부 기준이 있다. 또한 일반적이 조세포탈범은 2년 이하의 징역 또는 포탈세액의 2배 이하에 상당하는 벌금에 처하지만 포탈세액 3억 원 이상이면서 해당 세액이 신고했어야 할 세액의 30% 이상이면 3년 이하의 징역 또는 포탈세액의 3배 이하에 상당하는 벌금에 처하는 등 중한 범칙 처분 기준이 마련되어 있다.

범칙조사는 절차 면에서 일반 조사와 많이 다르다. 가장 큰 차이는 사전통지 없이 갑작스럽게 시작될 수 있다는 점이다. 증거 인멸을 막기 위해 사전 통지를 생략하고 조사에 착수할 수 있으며, 이 경우 세무공무원은 현장에 나가면서 세무조사 개시 통지서를 제시함으로써 갈음한다. 조사관들은 도착 즉시 신분증과 조사공무원증, 세무공무원 지명서를 보여주고 범칙조사 개시를 알리며 즉각 관련 장소에 대한 압수·수색을 집행할 수 있다. 압수수색 영장을 발부받아 장부 서류 컴퓨터 등을 뒤지고, 관련자들을 심문하여 진술을 청취할 수 있다. 이 과정에서 확보한 장부·증거는 납세자의 동의하에 일시보관하거나 필요시 영장에 의해 가져갈 수 있다.

3. 납세자가 하는 실수들

앞서 살펴본 바와 같이, 세무조사는 일정한 이유와 근거가 있어서 이루어진다. 납세자 입장에서 **"조사받을 일을 안 만드는 것"**이 최선의 방어인데, 그를 위해서는 어떤 행동이나 실수가 세무조사를 불러오는지 알아둘 필요가 있다. 아래는 납세자가 흔히 하는 실수 혹은 잘못된 정보로 인해 스스로 세무조사 위험을 높이는 사례들이다.

1) 현금매출 누락하기

가장 전형적인 탈세 시도다. 매출 일부를 아예 장부에 기록하지 않고 숨기는 건데, 과거에는 작은 가게들이 "현금은 슬쩍 빼도 모를 것"이라고 여겨서 누락을 하였지만 국세청은 비정기 조사나 범칙조사에서 포스자료를 예치하여서 드러나는 경우가 있다. 실제로 모텔, 음식점, 주유소 등 현금유입이 많은 업종에서 현금매출 누락이 적발된 사례가 많다.

2) 비용 증빙 불성실

비용을 늘려 이익을 줄이려는 의도로, 영수증이나 증빙을 조작하거나 개인 비용을 회사 비용으로 처리하는 실수가 있다. 예를 들어 사적으로 쓴 접대비나 가족 여행비를 회사 경비로 처리하는 경우다. 단기적으로 세금을 아꼈을지 몰라도, 세무조사 때 영수증 증빙을 요구받으면 꼼짝없이 드러난다. 특히 법인카드 사적 사용 내역은 적발되면 해당 비용은 부인되고 대표자의 상여로 처분되어 세금을 추가로 납부해야 한다.

유명 학원장의 사례에서, 가족의 고급호텔 식사비용, 개인 주택 임차료 등을 법인 비용으로 처리했다가 모두 적발되어 추징당한 일이 있다. 결국 개인 비용과 법인 비용의 구분을 철저히 해야 하며, 꼼꼼한 증빙 관리가 중요하다.

3) 가족에게 부당하게 소득 분산

세무상 혜택을 노리고 배우자나 자녀 등 가족에게 인위적으로 소득을 나누는 행위도 문제가 된다. 예를 들어 "남편 가게 매출의 일부를 아내 명의로 신고"하여 각각 소득을 낮추거나, 가족을 직원으로 올려놓고 실제 일도 안 하는데 급여 지급하는 경우다. 겉보기엔 가족 전체 세부담을 줄일 수 있지만, 국세청은 가족 법인·가족 직원 간 자금흐름도 샅샅이 검사한다.

실제 스타강사 사례에서는 본인이 받아야 할 거액의 인세 수입을 가족이 주주인 법인으로 귀속시켜 가족에게 편법 증여한 것이 적발되었고, 근무하지 않는 배우자에게 급여 지급한 것도 드러나 가산세와 증여세를 추징당했다. 가족이라고 해서 맘대로 재산을 나눠 신고하면 부당행위 계산 부인 등의 제재를 받으므로 조심해야 한다.

4) 과세자료 무시하기

요즘은 신용카드 사용 내역, 현금영수증, 전자세금계산서 등의 흔적이 모두 국세청에 자동 통보된다. 그런데 일부 사업자는 이걸 모르고 걸릴 자료를 숨겼다가 큰코다치기도 한다. 예를 들어 직원이 발행한 전자세금계산서를 본사는 신고 누락하거나, 카드매출의 일부만 매출로 잡는 식이다. 그러나 국세청은 이미 해당 자료를 다 받아보고 있다는 사실을 기억해야 한다. 특히 부가가치세의 경우 매입자의 세금계산서 매입공제 자료와 매출자의 신고 자료를 대조하면 바로 누락이 드러나므로, 쌍방 통보되는 자료는 절대 누락하면 안 된다.

5) 세법 개정사항 미숙지

세무조사 대상이 되는 또 하나의 원인은 법규 위반이다. 법이 바뀐 줄 모르고 예전 방식대로 신고했다가 문제 되는 경우가 있다. 예컨대 의료비 현금영수증 의무발행 제도가 생겼는데도 이를 지키지 않거나, 가상자산(암호화폐) 과세보고 의무 등을 간과하면 가산세 처분을 받을 뿐 아니라 관련 이슈로 조사가 확대될 수도 있다. 국세청은 새로운 탈세 수법이나 제도 미준수 사례에 촉각을 곤두세우므로, 세법 개정 내용과 새로운 의무사항을 제때 숙지하고 지키는 것이 안전하다.

이처럼 납세자가 의도적으로든 실수로든 간에 불투명한 세무처리를 하면, 국세청 시스템과 조사망에 언젠가는 포착될 위험이 있다. “설마 나까지 잡겠어”라는 안이한 생각을 버리고, 처음부터 바르게 신고하는 것이 세무조사를 피하는 가장 확실한 길이다. 특히 최근 국세청은 전자세금계산서, 현금영수증 의무화, 금융거래 추적 등으로 웬만한 거래 정보를 다 수집하고 있으니, 숨기려 해도 숨길 곳이 점점 사라지고 있음을 명심해야 한다.

김 대표의 Q&A

Q. 세무조사는 탈세한 사람한테만 오나요? 성실히 납세한 사람도 조사받을 수 있나요?

성실 납세자도 정기적으로 또는 표본으로 세무조사를 받을 수 있습니다. 세무조사는 꼭 탈세자만 대상으로 하지 않고, 신고 내용이 적정한지 주기적으로 검증하는 목적도 있기 때문입니다. 특히 대기업이나 고소득 전문직은 신고를 잘했더라도 5년마다 한 번 등으로 정기조사를 받을 수 있습니다. 물론 탈루 혐의가 없으면 큰 문제 없이 끝나니 지나치게 걱정하실 필요는 없습니다.

Q. 작은 개인사업자는 세무조사 안 나온다고 하던데 정말인가요?

규모가 아주 작은 영세사업자는 선정 우선순위에서 밀릴 뿐 절대 안 나오는 건 아닙니다. 국세청이 정책적으로 소규모 성실사업자는 조사 면제 방침을 운용하고 있어, 일정 기준 이하 매출이고 장부를 성실히 기장하는 사업자는 정기조사 대상에서 제외될 수 있습니다. 그러나 명백한 탈세 혐의가 발견되면 규모와 관계없이 비정기조사가 나올 수 있고, 또 랜덤 표본조사에 뽑힐 수도 있습니다. "나처럼 작은 사업장은 괜찮겠지" 하고 방심하기보다는 기본적인 세무관리 원칙을 지키는 게 안전합니다.

2장.

세무조사의 종류와 절차

이제 세무조사가 실제로 어떻게 진행되는지, 단계별 절차와 납세자 대응법을 상세히 알아보겠다. 세무조사는 그 성격에 따라 정기·비정기·기획·범칙 등의 유형별 흐름이 다르고, 또한 조사 과정에서 납세자가 알아야 할 권리와 의무가 있다. 본 장에서는 먼저 세무조사의 주요 종류별 특징을 정리하고, 이어서 세무조사의 시작부터 끝까지 절차를 따라가며 납세자가 취해야 할 행동과 실무 팁을 살펴보겠다. 마지막으로 실제 조사 현장에서 유용한 대응 전략과 주의 사항도 함께 정리한다.

1. 세무조사의 주요 유형

앞서 1장에서 세무조사의 유형별 특징을 비교했지만, 여기서는 조금 다른 관점에서 정기조사, 수시(비정기)조사, 기획조사, 범칙조사의 의미를 정리해 보겠다. 세무조사에 대해 뉴스를 보다 보면 '정기세무조사', '특별세무조사', '세무조사 전환' 등의 용어가 나오는데, 이를 구분해 두면 조사 통지서를 받았을 때 내 케이스가 어떤 종류인지 이해하는 데 도움이 된다.

1) 정기세무조사

일정한 주기나 기준에 따라 정례적으로 실시된다. 국세청이 사전에 선정한 정기조사 대상자 목록에 의해 진행되며, 특별한 탈세 정보가 없더라도 정기검진처럼 받는 조사다. 보통 사전통지 후 예정된 날짜에 시작되고, 납세자가 평소 신고한 내역 전반을 종합적으로 검증한다. 정기세무조사는 기업 규모별, 소득 수준별로 정해진 비율에 따라 선택되므로, 내가 정기조사에 뽑혔다면 "아, 이번 차례가 되었구나" 하고 받아들이면 된다. 기업의 경우 5년 내외 주기, 개인은 성실도에 따라 더 길 수도 있다. 정기조사는 납세자의 특별한 잘못을 전제로 하지 않기 때문에, 조사관들도 비교적 우호적인 분위기에서 사실관계를 파악하려는 경우가 많다.

2) 비정기(수시)세무조사

말 그대로 필요에 따라 수시로 이뤄지는 조사다. 탈세 제보, 자료상 거래, 명의 위장 사업 발견, 무신고자 포착 등 구체적인 혐의나 정보가 있을 때 실시된다. 비정기조사는 조사범위가 혐의 부분으로 한정될 수도 있고(부분조사), 조사 중 새로운 문제가 나오면 전반으로 확대될 수도 있다. 경우에 따라서는 조사 기간도 유동적이고, 조사관 교체 없이 바로 범칙조사로 전환되기도 한다. 요컨대 상황 변화에 따라 탄력적으로 진행되는 조사 유형이다.

3) 기획세무조사

국세청장의 지시에 따라 특정 주제로 전국 동시다발 실시되는 조사다. 조사대상자는 해당 테마에 부합하는 집단에서 선정되며, 조사과정은 비정기조사와 유사하지만 규모 면에서 대형이다. 가령 전국 7개 지방국세청이 동시에 수백 개 업체를 조사팀 꾸려 착수하는 식이다. 일반 개별조사보다 윗선 관심이 높고 결과도 대외 공개되는 경우가 많아, 조사관들도 실적을 내기 위해 꼼꼼히 들여다본다.

4) 조세범칙조사

일반 세무조사와 달리 조세범 처벌을 염두에 둔 조사다. 앞서 설명했듯 악의적 조세포탈 혐의자에 대해 수행하며, 조사절차법이 아닌 조세범처벌절차법이 적용된다. 조사대상자는 세무조사 통지서 대신 조세범칙조사 개시 통지를 받게 되며, 이후 과정은 형사사건 수사와 유사하다. 납세자로서는 일반 세무조사의 선을 넘는 상황이므로, 대응 역시 세무전문 변호사 등의 조력이 꼭 필요하다. 범칙조사는 세무조사의 한 종류라기보다, 세무조사를 통해 밝혀진 범죄 행위에 대한 사법 처리 단계라고 이해하는 게 맞다. 그러므로 웬만하면 이런 상황까지 가지 않도록 하는 것이 최선이다.

2. 세무조사의 절차와 단계별 대응

이제 본격적으로 세무조사가 어떤 순서와 방식으로 진행되는지 알아보도록 하자. 세무조사의 절차를 이해하면, 각 단계마다 납세자가 무엇을 해야 하고 어떤 권리가 있는지도 자연스럽게 파악할 수 있다. 세무조사의 전형적인 흐름은 다음과 같다.

1) 사전통지 단계 - "세무조사를 하겠습니다" 통보받다

사전통지 단계는 세무조사 통지서를 받는 시점으로, 국세청이 공식적으로 조사 결정을 하고 납세자에게 알리는 과정이다. 법에서는 "조사 시작 20일 전까지 세무조사 사전통지서를 납세자에게 보내야 한다"라고 규정하고 있다.

세무조사 사전통지서

국세청

행 정 기 관 명

수신자
(경유)
제 목 세무조사 사전 통지

귀하(귀사)에 대한 세무조사를 실시하기에 앞서 아래와 같이 알려드립니다.
(근거: 「국세기본법」 제81조의7 제1항 및 같은 법 시행령 제63조의6)

납 세 자	상 호 (성 명)		사업자등록번호 (생 년 월 일)	
	사업장 (주 소)			
조사대상 세목				
조사대상 과세기간		년 월 일 ~ 년 월 일		
조사 기간		년 월 일 ~ 년 월 일		
조사 사유				
조사 제외 대상		세목: 과세기간: 범위:		
부분조사 범위				

만약 귀하(귀사)에게 「국세기본법 시행령」 제63조의7 제1항에 해당하는 사유가 있으면 세무조사의 연기를 신청할 수 있습니다.

※ 「국세기본법 시행령」 제63조의7 제1항에 해당하는 사유

1. 화재, 그 밖의 재해로 사업상 심각한 어려움이 있을 때
2. 납세자 또는 납세관리인의 질병, 장기출장 등으로 세무조사가 곤란하다고 판단될 때
3. 권한 있는 기관에 장부, 증거서류가 압수되거나 영치되었을 때
4. 제1호부터 제3호까지의 규정에 준하는 사유가 있을 때. 끝.

발 신 명 의 직인

이 통지에 대한 문의 사항 또는 조사 시작 전 세무조사 연기신청 등에 관한 궁금한 사항은 ○○○과 담당자 ○○○(전화:)에게 연락하시기 바라며 조사 시작 이후 세무조사와 관련하여 불편 · 애로 사항이 있을 때에는 납세자보호담당관 ○○○(전화:)에게 연락하시면 친절하게 상담해 드리겠습니다.

기안자 직위(직급) 서명 검토자 직위(직급)서명 결재권자 직위 (직급)서명
협조자
시행 처리과-일련번호(시행일자) 접수 처리과명-일련번호(접수일자)
우 주소 / 홈페이지 주소
전화( ) 전송( ) / 기안자의 공식전자우편주소 / 공개구분

사전통지 단계에서 납세자가 취할 수 있는 행동은 크게 세 가지다:

- **연기 신청**: 정당한 사유가 있을 경우 조사 착수를 미룰 것을 요청한다. 앞서 언급한 건강상의 문제, 사업장 화재, 경영자 해외체류 등의 사유가 대표적이다. 신청 방법은 간단히 세무서 조사과에 전화나 방문으로 의사 표시 후, 소정 양식의 신청서를 제출하면 된다.

- **장소 변경 신청**: 세무조사는 기본적으로 납세자의 사업장이나 세무서에서 진행된다. 그러나 사업장 상황이 열악하거나 영업에 지장을 크게 줄 우려가 있으면 조사 장소를 변경해 달라고 요청할 수 있다.
- **사전미팅(오리엔테이션) 신청**: 통지 단계에서 조사관과 미리 만나거나 통화하여 조사 개요를 듣는 것도 가능하다.

범칙조사나 사전통지 생략된 경우에는 이 단계가 없다. 조사관들이 영장과 함께 들이닥치면 그게 통지와 착수를 겸한 것이다. 이때는 일단 조사관 지시에 따라야 하고, 연기 요청 같은 건 통하지 않는다. (증거 인멸 우려가 있을 상황이므로) 다만 범칙조사라도 납세자보호담당관 면담 요청 등 최소한의 권리절차는 보장되니, 이 부분은 뒤에서 다루어 본다.

세무조사 연기신청서

(앞 면)

세무조사 연기신청서				
접수번호		접수일		처리기간
신청인	①성 명		②주민등록번호	
	③상 호		④사업자등록번호	
	⑤주소(거소)또는영업소			
신 청 내 용				
⑥당초 조사 기간	년 월 일 ~ 년 월 일			
⑦연기 받고자 하는 사유	「국세기본법 시행령」 제63조의7 제1항 제 호			
⑧연기를 원하는 기간	년 월 일 ~ 년 월 일			

「국세기본법」 제81조의7 제2항 및 동법 시행령 제63조의7 제2항에 따라 위와 같이 신청합니다.

년 월 일

신청인 (서명 또는 인)

귀하

구비서류	사유를 증명하는 자료	수수료 없음

사업장 이외의 세무조사 장소 신청서

<table>
<tr><td colspan="5">사업장 이외의 세무조사 장소 신청서</td></tr>
<tr><td rowspan="3">신
청
인</td><td>① 성 명</td><td></td><td>② 주민등록번호</td><td></td></tr>
<tr><td>③ 상 호</td><td></td><td>④ 사업자등록번호</td><td></td></tr>
<tr><td>⑤ 주소(거소)또는
사업장 소재지</td><td colspan="3"></td></tr>
<tr><td colspan="5">신 청 내 용</td></tr>
<tr><td colspan="2">⑥ 조사대상 세목</td><td colspan="3"></td></tr>
<tr><td colspan="2">⑦ 조사대상 과세기간</td><td colspan="3"></td></tr>
<tr><td colspan="2">⑥ 조사를 받고자 하는 장소</td><td colspan="3"></td></tr>
<tr><td colspan="2">⑦ 조사장소로 선택한 사유</td><td colspan="3"></td></tr>
<tr><td colspan="5">위와 같이 사업장 이외의 곳을 세무조사 장소로 「조사사무처리규정」 제33조에 따라 신청합니다.
년 월 일
신청인 (서명 또는 인)
귀하</td></tr>
<tr><td colspan="5">* 신청서 처리결과는 귀하(업체)의 사전준비 등을 고려하여 구두로 알려드리겠습니다.</td></tr>
</table>

2) 세무조사 착수 - 드디어 조사관과 대면하다

약속된 조사 시작일이 되면, 세무조사 착수 단계로 돌입한다. 조사관 팀이 회사나 사업장으로 찾아오거나 (혹은 납세자가 세무서 조사실로 방문하거나) 하여 첫 대면을 하게 된다. 이때부터 본격적인 현장 조사가 시작되는 것이다.

세무조사 착수 시에는 몇 가지 절차상 꼭 지켜야 할 요건들이 있다. 납세자는 이러한 요건이 지켜지는지 잘 보고 있을 필요가 있다:

- 신분 증명 제시
- 납세자권리헌장 설명: 조사관은 착수 시 납세자에게 "납세자권리헌장"을 교부하거나 비치하고, 그 취지와 내용을 구두로 설명하게 되어 있다.
- 청렴 서약서 작성: 최근 세무조사 시작 때 납세자와 조사관이 함께 청렴 서약서를 쓰는 관행이 생겼다.

납세자권리헌장

납세자권리헌장

납세자의 권리는 헌법과 법률에 따라 존중되고 보장됩니다.

납세자는 신고 등의 협력의무를 이행하지 않았거나 구체적인 조세탈루 혐의가 없는 한 성실하다고 추정되고 법령에 의해서만 세무조사 대상으로 선정되며, 공정한 과세에 필요한 최소한의 기간과 범위에서 조사받을 권리가 있습니다.

납세자는 증거인멸의 우려 등이 없는 한 세무조사 기간과 사유를 사전에 통지받으며, 사업의 어려움으로 불가피한 때에는 조사의 연기를 요구하여 그 결과를 통지받을 권리가 있습니다.

납세자는 세무대리인의 조력을 받을 수 있고 명백한 조세탈루혐의 등이 없는 한 중복조사를 받지 아니하며, 장부·서류는 탈루혐의가 있는 경우로서 납세자의 동의가 있어야 세무관서에 일시 보관될 수 있습니다.

납세자는 세무조사 기간이 연장 또는 중지되거나 조사범위가 확대될 때, 그리고 조사가 끝났을 때 그 사유와 결과를 서면으로 통지받을 권리가 있습니다.

납세자는 위법·부당한 처분 또는 절차로 권익을 침해당하거나 침해당할 우려가 있을 때 그 처분의 적법성에 대하여 불복을 제기하여 구제받을 수 있으며, 납세자보호담당관과 보호위원회를 통하여 정당한 권익을 보호받을 수 있습니다.

납세자는 자신의 과세정보에 대해 비밀을 보호받고 권리행사에 필요한 정보를 신속하게 제공받을 수 있으며, 국세공무원으로부터 언제나 공정한 대우를 받을 권리가 있습니다.

국 세 청 장

청렴 서약서

【조사사무처리규정 별지 제4호 서식】

청 렴 서 약 서

□ 조사받는 납세자 인적사항

대 표 자 성 명		생 년 월 일	
상 호(법 인 명)		사업자등록번호	
주소 또는 영업소			

위 조사받는 납세자와 그 세무대리인은 202 . . 부터 202 . . .까지 실시하는 ( ) 세무조사와 관련하여 조사시작에서부터 종결까지는 물론 조사종결 후에도 금품·향응 또는 공무수행 목적 외의 사적편의를 제공·알선하지 않을 것이며, 조사공무원으로부터 부당한 요구가 있을 경우에는 단호히 거절할 것입니다.

이를 위반한 경우에는 관계 법령 또는 규정에 따라 형사처벌, 세무조사 실시 및 세정상 각종 혜택배제, 징계 등 어떠한 처벌이나 불이익도 감수할 것임을 서약하고 이를 ( )세무서장에게 제출합니다.

20 년 월 일

위 서약자 납 세 자 성명 (인)

세무대리인 성명 (인)

아래 본인은 조사기간 중 국세청이 발송하는 「준법·청렴 메시지」 수신에 (동의함 □, 동의하지 않음 □)

(성명) (직위) (메시지 수신할 번호)

우리 조사공무원은 위 납세자에 대한 세무조사와 관련하여 청탁이나 부정·불의와 타협하지 않고 금품 및 향응 등 부당한 편의를 제공받지 않을 것이며,

이를 위반한 경우에는 관계 법령 또는 규정에 따라 인사처분 및 형사처벌 등 응분의 책임을 감수할 것인을 서약하고, 이를 ( )세무서장에게 제출합니다.

20 년 월 일

위 서약자 소속 직급 성명 (인)

직급 성명 (인)

직급 성명 (인)

직급 성명 (인)

직급 성명 (인)

잠실 세무서장 귀하

3) 조사 진행 - 자료 제출과 질의응답, 현장 확인의 연속

세무조사의 본경기라 할 수 있는 조사 진행 단계에서는, 조사관이 자료를 살펴보고 궁금한 점을 질의하면 납세자가 설명하거나 추가 자료를 제출하는 과정이 반복된다. 이 기간은 보통 수일에서 수 주(週)에 걸쳐 지속되며, 조사관은 납세자의 장부와 서류를 면밀히 검토한다. 납세자는 이 단계에서 성실하게 자료를 제출하고 사실대로 답변하는

것이 기본 원칙이다.

조사 진행의 주요 요소를 몇 가지로 살펴보자.

① 자료제출 요구

조사관은 조사 대상 기간의 회계장부, 증빙서류, 계약서, 영수증 등을 수시로 요구한다.

② 질문조사 권한 행사

세무공무원은 필요시 납세자나 관련자에게 구두로 질문하고 답변을 받을 권한이 있다.

③ 현장 확인

경우에 따라 조사관이 사업장의 현장 상황을 둘러보는 때도 있다. 특히 제조업이나 유통업은 재고자산 상태를 보고 싶어 할 수 있고, 음식점 등은 POS 시스템, 현금영수증 발행 현황 등을 살펴보기도 한다.

④ 조사기간 관리

조사 진행 중 조사관은 법정 조사기간 내에 일을 끝내려 노력한다. 그러나 예상보다 시간이 더 걸릴 경우 조사기간 연장을 신청할 수 있다.

⑤ 권리보호 요청

만일 조사 진행 중 조사관이 부당한 요구나 위법한 행위를 한다면, 납세자는 즉시 납세자보호담당관에게 "권리보호요청"을 할 수 있다.

이렇게 조사기간 동안 수많은 자료 제출과 설명이 오간다. 납세자는 이 단계에서 조사관이 무엇을 궁금해하고 문제 삼는지 파악하여, 가능한 한 명쾌하게 해소시켜 주는 게 핵심이다.

조사 진행 단계에서 유념할 납세자 태도는 두 가지로, 성실 그리고 신중이다.

성실히 임한다는 것은, 요청 자료를 가능한 한 빠르고 정확하게 제출하고, 모르는 것은 모른다고 솔직히 밝히며, 거짓으로 꾸미지 않는 것이다.

동시에 신중해야 한다. 조사관 질문에 선의로라도 과도한 정보를 주는 것은 피하는 게 좋다. 묻는 말에만 답하고, 물어보지 않은 세세한 내용까지 실토할 필요는 없다. 특히 본인이 확실히 모르거나 기억이 애매한 부분은 추측으로 말하지 말고, "기억이 정확지 않으니 관련 자료를 찾아보고 답변드리겠다"라고 하는 게 좋다.

4) 조사 종결 - 결과 통지와 마무리 협의

모든 조사는 끝이 있다. 정해진 기간 내에 조사관이 볼 것을 다 보고 나면, 세무조사 종결 단계로 넘어간다. 조사관은 이제까지 확인한 내용을 토대로 세무조사 결론을 내리게 된다. 즉 추가로 과세할 내용이 있는지, 있다면 얼마를 부과할지 결정하는 것이다.

조사 종결 절차는 일반적으로 다음과 같이 진행된다:

- **조사관의 심의 및 과장 결재**: 담당 조사관이 경정할 사항(세금을 더 부과할 사항)을 정리하여 내부 결재를 올린다. 조사팀장이나 과장 등이 검토하여 과세 적정성을 심의한다.
- **납세자 의견서 제출**: 납세자는 원하는 경우 공식 의견서를 제출할 수 있다.
- **세무조사 결과통지서 발송**: 세무조사가 끝나면, 20일 이내에 국세청은 납세자에게 "세무조사 결과통지서"를 보내주어야 한다.
- **과세예고 및 납세고지**: 결과통지서와 별개로, 추가 세금이 있을 경우 과세예고통지 및 세액 고지서가 발부된다. 과세예고통지는 얼마를 부과할 예정이니, 30일 내 의견이 있으면 내시오"라는 안내다. 이후 확정 고지서가 나오며, 납세자는 거기에 적힌 납부기한까지 세금을 내면 일련의 조사 프로세스가 종료된다.
- **불복 여부 결정**: 추징세액에 동의할 수 없다면 납세자는 불복 절차를 밟을 수 있다. 불복이라 함은 세금 부과에 이의 제기를 하는 것으로, 과세전적부심사, 이의신청, 심판청구, 행정소송 등의 방법이 있다. 일반적으로 세무조사 후 과세가 확정되면, 우선 세금은 납부하되 (또는 담보 제공 후 유예) 이의신청이나 조세심판청구를 제기한다.

세무조사 결과통지서

국세청

행 정 기 관 명

수신자
제 목 세무조사 결과 통지

「국세기본법」 제81조의12 및 같은 법 시행령 제63조의13에 따라 귀하(귀사)에 대한 세무조사 결과 등을 아래와 같이 알려드립니다.

1. 조사대상자

상 호 (성 명)		사업자등록번호 (생 년 월 일)	
사업장(주소)			

2. 세무조사 결과

① 조사대상 (세목 : 연도 : 기분 :)

조사한 내용	

② 예정 고지일 및 납부기한

예정 고지일		예정 납부기한	

③ 결정 또는 경정할 내용 (예상 총 고지세액 : 원)
※ 지방소득세 및 소득금액 변동 관련 세액 별도 (단위 : 원)

세 목	연도	과세표준		산출세액		가산세액	예상 고지세액
		신고(당초)	결정(경정)	신고(당초)	결정(경정)		
법인세							
종합소득세							
부가가치세							
상속·증여세							
양도소득세							
기타 (원천·개별소비·주세 등)							

④ 과세표준·세액의 결정 또는 경정 사유 및 산출근거 (단위 : 원)

세목	연도	항목 (과목)	결정·경정 대상금액	결정·경정 사유 (구체적 사실관계)	소득처분	근거법령 (조항)	가산세	
							일반	부당

2. 세무조사 결과

⑤ 소득금액 변동 명세(「법인세법」에 따른 소득처분) (단위 : 원)

소득종류	귀속자		귀속연도	소득금액	원천징수 예상세액	수정신고·납부기한
	성명	생년월일				
						소득금액변동통지를 받은 날의 다음 달 10일

3. 세무조사 결과통지에 대한 권리구제 절차 등

① 이 통지 내용에 이의가 있으면 이 통지서를 받은 날부터 **30일 이내에 과세전적부심사청구를** 할 수 있으며, 과세전적부심사청구를 하지 않을 때에는 조기결정신청서(「국세기본법 시행규칙」 별지 제56호의 4서식)를 제출하면 **즉시 결정·고지를 받게 되어 가산세 부담을 줄일 수 있습니다.**
② 「**조세범 처벌법**」 **위반으로 고발 또는 통고처분**하거나 세무조사 결과 통지일부터 국세부과제척기간의 만료일까지의 기간이 **3개월 이하**인 경우 등에 해당되면 과세전적부심사 청구대상에서 제외됩니다(근거 : 「국세기본법」 제81조의15 제3항).
③ 과세전적부심사 결정이나 조기결정신청서 제출에 따른 고지에 대해 다시 이의가 있으면 납세고지서를 받은 날부터 90일 이내에 「국세기본법」에 따른 불복청구 등을 할 수 있습니다.
④ 국세의 과세표준과 세액을 결정 또는 경정해 통지하기 전까지는 「국세기본법」 제45조에 따른 **수정신고와 납부가 가능**합니다.
⑤ 이 조사에 따라 향후 과세표준과 세액이 결정 또는 경정이 된 경우 「국세기본법」 제16조제4항에 따라 조사한 사실과 결정의 근거가 적힌 결정서의 열람 또는 복사를 구술(口述)로 요구할 수 있음을 알려드립니다.

붙임 1. 수입금액, 과세표준 및 세액과 가산세의 산출명세
2. 조사 항목별 조사 결과 및 세무조사 결과 사후 관리할 사항. 끝.

발 신 명 의 직인

이 통지에 대한 문의 사항이 있을 때에는 ○○○과 담당자 ○○○(전화:)에게 연락하시면 친절하게 상담해 드리겠습니다.

기안자 직위(직급) 서명 검토자 직위(직급) 서명 결재권자 직위(직급) 서명
협조자
시행 처리과-일련번호(시행일) 접수 처리과명-일련번호(접수일)
우 주소 / 홈페이지 주소
전화 ( ) 전송( ) / 기안자의 공식전자우편주소 / 공개구분

세무조사가 끝나고 나면, 회사 내부적으로는 이번 조사에서 지적된 사항을 정리해 둘 필요가 있다. "어떤 부분이 왜 문제가 되었는지, 앞으로 어떻게 개선할지"를 직원들과 공유하라. 예를 들어 매출 누락을 지적받았다면 이제부터 POS 매출관리 철저를 결의하고, 비용 증빙 문제였다면 경비 처리 규정을 손질하는 식이다. 그래야 같은 실수를 반복하지 않고, 다음번 조사 때는 더 당당해질 수 있다.

김 대표의 Q&A

Q. 조사 결과 통지에 불복하려면 어떻게 해야 하나요? 바로 소송을 해야 하나요?

소송 전에 세무서나 조세심판원 단계의 불복 절차가 있습니다. 과세전적부심사(고지 전에 의견제출 기회), 이의신청(세무서/지방청에 재심 요구), 심사·심판청구(국세청 본청 심사청구 또는 조세심판원 심판청구) 등이 있어요. 일반적으로 세금 고지서를 받고 90일 이내에 이의신청이나 심판청구를 거쳐야 그다음 행정소송으로 갈 수 있습니다.

3장.

세무조사, 이렇게 예방하자

"세무조사 피할 수는 없을까?" 모든 사업자와 납세자의 공통된 고민일 것이다. 절세보다 선세(先稅), 즉 애초에 조사받을 빌미를 줄이지 않는 것이 최선이라는 말도 있다. 국세청의 조사 대상 선정은 무작위보다는 납세자의 신고 행태와 위험도 분석에 기반하므로, 평소 투명하고 올바른 세무 관리를 하면 조사 가능성을 크게 낮출 수 있다. 이 장에서는 평소 실무에서 세무조사를 예방하는 팁과 사례들을 살펴보고자 한다.

1. 과거 신고내용 점검

1) 투명한 회계 정리 습관

"장부를 보면 그 기업이 보인다"라는 말처럼, 회계장부와 재무제표는 국세청이 가장 먼저 들여다보는 자료다. 따라서 평소에 장부를 투명하게 정리하는 것이 세무조사 예방의 출발점이다. 요즘에는 POS 시스템, ERP 등으로 실시간 매출 데이터 관리가 가능하므로 적극 활용하는 것이 좋다.

2) 증빙 철저 관리

적격 증빙(세금계산서, 현금영수증, 신용카드전표 등)이 곧 투명성이다. 사업과 관련된 지출은 가능한 한 증빙을 받고 보관하는 것이 좋다. 특히 임차료, 접대비, 출장비 등 조사 시 집중되는 항목은 관련 증빙이 없어 추인이 불가능하면 문제가 된다. '나중에 문제 되면 내 돈 내지' 하고 생각하기 쉽지만, 막상 추징당하면 가산세까지 부담된다. 적격증빙 비율이 낮은 업종은 국세청의 사후관리 리스트에 오를 수 있다는 점도 명심해야 한다.

3) 장부와 실물의 정합성

회계장부와 실제 현황을 정기적으로 대조하라. 재고가 있다면 창고 재고와 장부 재고를 맞춰보고, 현금성 자산은 실제 보유액과 장부액이 일치하는지 살펴야 한다. 또 재무제표상의 계정들(현금, 재고, 미수금 등)이 의미 없이 부풀려져 있지는 않은지 검토한다. 사례로, 어떤 도소매업자는 정기적으로 재고실사를 해서 매출누락 가능성을 원천 차단했다고 한다.

4) 이중장부 금물

당연한 말이지만 절대 이중장부를 만들 생각을 하지 말라. 가끔 매출을 줄이려고 장부를 이원화하는데, 국세청은 이미 계좌추적과 디지털 포렌식 등으로 이중장부 여부를 충분히 적발할 능력이 있다. 이중장부가 발견되면 조세범처벌법에 따른 처벌(고발)까지 이어질 수 있고 조사 대상이 된 시점부터는 돌이킬 수 없다.

2. 특수관계인 거래와 자금흐름 관리

사업을 하다 보면 가족이나 친인척과 경제적 거래를 하는 일이 생긴다. 또 법인 대표의 경우 회삿돈과 개인 돈이 얽히기 쉽다. 이러한 특수관계인 거래와 자금흐름을 어떻게 관리하느냐도 세무조사 예방의 관건이다. 특수관계인 간 거래는 시가로 해야 하고, 그 과정을 문서로 남기는 것이 좋다. 가족, 친인척 등 특수관계인과 금전 거래나 자산 거래를 할 때는 반드시 시가 기준으로 하고 계약서를 작성해야 한다. 저가 또는 고가 거래로 한쪽에게 이익이 넘어가면 증여로 보아 과세된다. 또한 증빙 없는 사적 거래는 나중에 탈세로 의심받을 수 있다. 예를 들어 부모가 운영하는 법인이 자녀에게 헐값에 자산을 양도하면 편법 증여로 조사 대상이 될 수 있다. 실제 국세청은 가족회사 간 거래로 경영권 승계하거나 부를 이전하는 사례를 테마조사로 선정해 집중 단속한 바 있다. 그러므로 특수관계 거래는 투명하게, 제3자와 하듯이 하는 게 안전하다.

3. 가족 직원 급여 지급 시 관리

가족을 임직원으로 등재하고 급여를 주는 경우 꼭 실제 근무 및 업무 기여가 있어야 한다. 그렇지 않으면 언젠가 허위 인건비로 취급되어 문제가 된다. 가족 직원의 업무일지, 근로계약서 등을 구비해 두고, 급여 수준도 적정해야 한다. 국세청은 연예인, 스포츠 선수, 인플루언서 등 고소득자들이 가족을 1인 기획사 직원으로 올려 수익을 분산하는 수법을 자주 적발하고 있다. "가족이니 괜찮겠지"라는 안일함을 경계해야 한다.

4. 법인 자금 vs 개인 자금 구분 관리

법인의 통장과 대표 개인 통장은 철저히 구분해 사용해야 한다. 법인 자금을 대표나 가족의 개인 용도로 사용하면(예: 개인 카드값을 회삿돈으로 지급) 법인자산 사적 사용으로 보아 상여 처분되거나 부당행위로 본다. 실제 사례로, 한 인플루언서는 법인카드로 명품을 사고 법인 자금으로 고가 주택 임차료를 낸 것이 드러나 세무조사를 받았다. 그는 "회사가 내 거니까 썼다"라고 변명했지만, 국세청은 이를 엄격히 사주에 대한 상여로 보고 과세했다. 따라서 회삿돈을 개인적으로 쓰는 일은 절대 없어야 한다. 불가피하게 사용했다면 즉시 상환 처리하고 증빙을 남겨두면 된다.

5. 차입금과 가수금 관리

중소기업의 경우 대표나 가족으로부터 자금을 차입하거나 반대로 빌려주는 일이 많다. 이러한 차입금(가수금)과 가지급금은 세무조사 단골 쟁점이다. 만약 대표에게 돈을 빌렸다면 이자를 적정률로 지급하고 이자비용에 대한 원천징수 등 세무처리를 빠짐없이 해야 한다. 반대로 대표가 회삿돈을 가져갔다면 (가지급금) 조속히 정리하고, 이자상당액에 대한 인정이자를 계산해 이익처분해야 한다. 이를 방치하면 명의상의 가공 거래나 탈루로 의심받는다. 실제로 국세청은 법인 오너가 장기간 갚지 않은 가지급금을 사익편취로 보고 증여세나 상여로 과세하는 경우도 있다. 금융거래를 명확히 계약서 쓰고 이행하는 것이 중요하다.

6. 성실신고와 기한 준수의 중요성

성실한 세금 신고는 세무조사 예방의 가장 기본이자 확실한 방법이다. 국세청이 조사 대상을 선정할 때 신고성실도를 중요한 기준으로 삼고 있기 때문이다.

1) 신고 기한 엄수

세금 신고와 납부 기한을 지키는 것은 기본 중에 기본이다. 기한을 놓쳐 신고불성실 가산세나 납부불성실 가산세를 반복적으로 물게 되면, 국세청 입장에서는 해당 사업자를 관리 대상으로 분류할 수밖에 없다.

2) 과소신고 지양

일부러 세금을 줄이려 과소신고를 하면 언젠가 문제가 된다. 국세청은 신고소득 대비 생활 수준, 신고 내역 대비 제3자 자료 등을 비교 분석하여 과소신고자를 색출한다. 대표적 예로, 신고소득에 비해 고가 부동산·차량을 소유하거나 호화 생활을 하는 경우 세무조사 가능성이 커진다. 실제로 국세청은 매년 고소득 탈루자 프로젝트를 통해 소득 대비 소비지출이 과다한 사람들을 선별 조사한다.

3) 부당공제나 가짜 세금계산서 금지

세금을 아끼려고 가짜 세금계산서를 발행하거나 수취하는 행위는 절대 금물이다. 이는 조세범으로 형사처벌될 수 있을 뿐 아니라, 세무조사의 직접적인 표적이 된다. 국세청은 매입세액공제를 받기 위해 허위 세금계산서를 사용하는 행위를 철저히 감시하고 있다. 전산망을 통해 세금계산서 발행 내역을 실시간으로 검증하고, 자료상 혐의자는 특별관리한다.

결국 "내 세무신고 내용을 누가 봐도 수긍할 수준인가"를 자문해 보면 된다. 내가 낸 신고서가 동종 업계 평균 대비 너무 튄다거나, 스스로 봐도 찜찜한 부분이 있다면 그건 조사의 씨앗이 될 수 있다. 성실신고는 단순히 도덕적 의무를 넘어 스스로를 보호하는 가장 확실한 방법이다.

김 대표의 Q&A

Q. 매출 누락이나 가짜 세금계산서 사용은 왜 안 되나요? 걸리지 않으면 괜찮지 않나요?

결론부터 말하면 대부분 결국 적발됩니다. 국세청은 빅데이터로 매출패턴을 분석하고 업종별 평균과 비교하여 누락을 찾아냅니다. 가짜 세금계산서 역시 전산 검증으로 쉽게 드러나고 조세범 처벌로 이어질 수 있습니다. 일시적으로 세금을 줄일지 몰라도, 나중에 추징세액과 가산세, 심지어 형사처벌까지 감수해야 하니 절대 하면 안 되는 행동입니다.

Q. 가족에게 급여를 주거나 가족회사 거래를 하면 항상 문제가 되나요?

실제로 일을 하고 정당한 대가를 주는 것이라면 문제되지 않습니다. 다만 가족이라는 이유로 일을 안 시키고 급여만 준다거나, 시가보다 유리한 조건으로 거래하여 이익을 몰아주는 경우 문제가 됩니다.

4장.

세목별 세무조사 사례 정리

세무조사에 대한 기본 개념과 대응 전략을 익혔다면, 이제는 실제 사례를 통해 감을 잡아야 할 때이다. 국세청이 주로 문제 삼는 쟁점은 세목마다 다르고, 조사 방식이나 추징 포인트도 상황에 따라 달라진다.

이 장에서는 법인세, 상속·증여세, 자금출처조사, 소득세, 부가가치세 등 주요 세목별로 실제 조사사례를 정리하여, 어떤 부분에서 문제가 발생했는지, 납세자는 어떻게 대응했고 국세청은 어떤 결론을 내렸는지 구체적으로 살펴보고자 한다.

1. 법인세

1) 조사 착수 배경

국세청은 기업 오너 일가가 회삿돈을 자기 돈처럼 쓰며 사적 소비에 활용하고, 편법으로 세금을 회피하는 사례에 주목했다. 이러한 악의적·지능적 기업 탈세는 건전한 경쟁 질서를 해치므로, 국세청은 코로나 어려운 경제 여건 속에서도 이런 사례에 조사 역량을 집중하게 되었다.

2) 주요 탈루 포인트

기업 오너들은 회삿돈으로 사치품을 구입하고 가족 경비를 법인이 부담하도록 하여 비용으로 처리하거나, 가족 회사를 통해 일감을 몰아주며 회사 이익을 유출하는 수법을 사용했다. 또 미공개 정보를 이용한 주식 시세차익을 가족에게 귀속시키고도 증여세를 신고하지 않는 등, 법인의 자산과 거래를 사적 목적으로 위장하여 법인세 부담을 줄이고 증여세 등도 탈루하는 사례가 발견되었다.

3) 대응 방법 및 조사 방향

국세청은 이런 법인자금 유용 행위에 대해 본인뿐만 아니라 관련 가족까지 자금 흐름을 끝까지 추적하며 철저히 검증하고 있다. 금융추적·디지털포렌식 등 가용한 수단을 총동원하여 탈세 혐의를 확인하면, 예외 없이 조세범처벌법에 따라 범칙조사로 전환하고 검찰에 고발하는 등 강경하게 대응한다.

4) 실제 사례

한 플랫폼 기업의 사주 일가는 회사가 벌어들인 수익으로 법인 명의 슈퍼카와 별장을 구입한 뒤 이를 가족이 호화 생활에 이용하고, 사주 자녀의 해외 체류비와 사치품 구입비까지 법인카드로 결제한 혐의가 드러났다. 또 다른 기업 오너는 본인 소유 토지에 법인이 별장을 신축하고 과도한 임대료를 지급하게 하여 회사 자금을 유출하기도 했다.

2. 상속세 및 증여세

1) 조사 착수 배경

국세청은 편법 증여와 변칙 상속을 통해 부를 대물림하면서 세금을 회피하는 행위에 대해 지속적인 조사를 실시해 왔다. 2020년대에 들어 부모의 재력이 자녀의 자산 형성에 무기처럼 동원되는 이른바 '부모 찬스' 사례가 사회적 문제로 대두되었다. 코로나19 위기 극복 과정에서 가계부채가 급증하는 가운데 일부 부유층은 고액 대출로 부동산·주식을 취득하고 부모가 그 대출을 대신 갚아주는 등의 수법으로 세금을 물지 않고 부를 이전했다. 이러한 불공정 탈세 행위는 성실히 세금을 내는 대다수 국민에게 박탈감을 주므로, 국세청은 상속·증여세과 특별조사팀을 통해 20대 사회초년생, 미성년자 등 자력 부족 연소자들의 고액자산 취득 사례를 정밀 검증하기 시작했다.

2) 주요 탈루 포인트

편법 상속·증여의 핵심 수법은 겉으로는 합법적으로 보이지만 실제로는 증여인 행위를 가장한다는 점이다. 예를 들면, 부모가 자녀 명의 대출을 대신 상환하면서 부채를 이용한 증여를 숨기거나, 부모 재산을 헐값 매매·채무 인수 형태로 이전하여 증여세 없이 자녀가 자산을 취득하는 식이다. 또한 부모 회사에 자녀를 가짜로 취업시켜 급여를 지급하거나 부모의 신용카드를 자녀가 사용하게 함으로써 실질적인 생활비·자산 취득자금을 몰래 증여하기도 한다. 부담부증여(빚이 딸린 재산 증여) 후에도 부모가 담보 대출을 대신 갚아주고 표면상 채무를 남겨두는 경우, 여러 친인척으로부터 분산 증여한 것처럼 가장하거나, 허위 차용증을 작성해 현금 증여를 가장하는 사례도 적발되었다.

3) 대응 방법 및 조사 방향

국세청은 이러한 편법 증여 혐의자를 가려내기 위해 과세자료 통합 분석과 자금출처분석 시스템을 활용하고 있다. 은행 대출 내역과 카드 사용 패턴, 부동산 취득 자금원 등을 정교하게 대조하여, 소득 대비 과다한 재산 취득을 한 연소자가 있으면 즉시 자금출처조사에 착수한다. 조사에서는 부모 등 직계존비속뿐 아니라 자녀의 배우자, 친인척까지 금융거래를 추적하여 숨겨진 증여를 밝히고, 관련 증여세를 추징한다. 또한 허위 차용증이나 채무 인수 가장 등 증여 은닉 수법에 대해서는 국세청 조사와 함께 필요시 조세범처벌법을 적용하여 검찰 고발 등 엄정 조치하고 있다.

4) 실제 사례

국세청 조사에서 부모가 대신 갚아주는 대출과 부모 카드 대납 사례들이 다수 적발되었다. 전문직 고소득 부친을 둔 한 20대는 부친에게서 고가 아파트 취득자금과 오피스텔 전세자금을 증여받았으면서, 겉으로는 부친 회사에 다니는 것처럼 꾸며 급여를 받고 부친 명의 신용카드로 사치 생활을 누린 혐의가 드러났다. 다른 사례로, 사회초년생인 자녀가 부모와 함께 거주하며 소득이 거의 없는데도 강남의 고가 아파트를 본인 명의로 취득했고, 이를 위해 거액의 대출을 받은 뒤 그 대출의 이자와 원금을 사실상 부모가 상환한 정황이 파악되었다. 또한 부담부증여로 부모 집을 물려받은 뒤 남은 담보대출을 부모가 계속 갚으면서 서류상 근저당만 유지하여 증여 사실을 은닉한 사례, 부모 돈을 친척을 거쳐 빌린 것처럼 가장하여 증여세를 회피한 사례 등도 확인되었다. 국세청은 2022년에 이러한 편법증여 혐의 연소자 227명을 전국 동시 세무조사하여, 부모가 대신 갚아준 대출금 등 숨겨진 증여액에 증여세를 부과하였다.

3. 소득세

1) 조사 착수 배경

자영업자와 고소득 전문직의 음성적 소득 탈루는 항상 국세행정의 중점 과제였다. 이에 국세청은 2021년부터 유튜버·연예인·운동선수 등 신종 호황 업종 176명, 호황 전문직 및 부동산임대업자 수십 명을 선별하여 전국 동시 세무조사에 착수하는 등 고소득층 소득세 탈루 조사를 대대적으로 전개하였다.

2) 주요 탈루 포인트

고소득자들의 탈루 수법은 매우 다양하고 지능적이다. 현금 거래를 누락하거나 이중장부를 작성해 소득을 축소 보고하는 것은 기본이고, 가족이나 직원 명의 차명계좌로 매출을 빼돌리는 수법도 흔하다. 일부 연예인·운동선수는 개인 회사를 세워 소득을 분산시키고 경비를 부풀리거나, 부동산임대업자는 임대료를 현금으로 받아 신고 누락하기도 한다. 세금계산서상 거짓 거래를 만들어 가공경비를 계상하거나, 신용카드 매출을 선택적으로 누락하는 등의 수법도 적발되었다.

3) 대응 방법 및 조사 방향

국세청은 한국은행, 금융정보분석원(FIU), 건강보험공단 등 유관기관의 데이터와 자체 NTIS 빅데이터 시스템을 활용하여 탈루 혐의자 선별 로직을 정교화했다. 조사 대상자로 선정되면 사업자의 가족까지 재산 형성 과정을 함께 조사하여, 가족에게 소득을 분산시켜 증여세 없이 부를 이전한 혐의도 동시에 검증한다.

4) 실제 사례

국세청의 고강도 조사로 여러 고소득 탈세 사례가 공개되었다. 1인 기획사를 운영하는 유명 배우 A씨는 개인 소득 중 일부를 법인 소득으로 위장하여 세율 차이가 나는 법인세만 내고, 실제로는 본인의 소득세를 탈루한 혐의가 포착되었다. 또한 인기 유튜버 B씨의 경우 광고 수익 수십억 원 중 상당액을 가족 명의 통장으로 분산 입금하여 본인 소득을 줄이고 세금을 포탈한 정황이 확인되었다. 개업 의사 C씨는 환자들에게 현금 결제를 유도하고 현금영수증을 발급하지 않은 채 매출 일부를 누락하고, 가족을 병원 직원으로 올려 가공 인건비를 처리한 수법으로 수입금을 축소 신고한 사실이 드러났다.

4. 부가가치세

1) 조사 착수 배경

부가가치세의 근간인 세금계산서 제도를 악용하는 자료상(가짜 세금계산서 판매자)은 오래전부터 세정 질서를 어지럽히는 중대 범죄로 간주되어 왔다. 자료상이란 실제로 물건이나 용역을 주고받지도 않았는데 세금계산서를 발행해 주는 업자를 말하며, 이는 기업들로 하여금 허위 비용을 만들어 법인세·소득세를 탈루하게 하고 부가세까지 환급받게 하는 행위다. 2010년대 이후 자료상 행위가 고철업 등 일부 업종에 국한되지 않고 여행업 등 서비스 분야로도 다변화하고, 심지어 외국 국적자가 개입하여 탈세 후 해외로 도피하는 사례도 나타났다. 이에 국세청은 2019년 10월, 전국에 흩어진 9개 자료상 조직(총 59명)을 동시다발적으로 조사하는 특별조치를 시행하는 등 자료상 근절에 적극 착수하였다.

2) 주요 탈루 포인트

자료상의 탈세 구조는 허위 세금계산서를 매개로 한 부가세 환급 및 소득은닉이다. "매출이 없는 회사가 세금계산서만 발행"하고, "매입이 없는 회사가 그 세금계산서를 받아 비용 처리"하는 공모 형태가 주로 포착된다. 이 과정에서 자료상 업자는 세금만 내지 않고 이익을 취하며 폐업하고, 세금계산서를 받은 쪽은 법인세·부가세를 줄이는 Win-Win의 탈세를 도모하는 구조이다.

3) 대응 방법 및 조사 방향

국세청은 자료상 조기경보 시스템과 현장정보망을 구축하여, 의심 사업자의 세금계산서 수수 데이터를 정밀 분석하고 있다. 거짓 세금계산서 수수 혐의액이 크고 조직성이 높은 경우 즉각 전국 동시조사에 착수하며, 필요시 검찰과 공조하여 압수·수색영장을 집행하고 범죄 증거를 확보한다. 실제로 9개 자료상 조직 조사 시 국세청은 전 지방청이 동시에 현장에 나가 압수수색을 진행했고, 이를 통해 관련 장부와 컴퓨터 파일 등을 확보하여 탈루 세금을 산출했다.

4) 실제 사례

국세청에 적발된 자료상 조직 중 하나는 겉으론 여행사처럼 운영되었지만, 실제로는 고철 등 재활용품 거래를 가장하여 거액의 가짜 세금계산서를 발행해 온 것으로 드러났다. 이 조직은 14개의 유령 여행사를 내세워 실체 없는 용역 제공 명목으로 3년간 100억 원대의 세금

계산서를 여러 업체에 팔아넘겼고, 부가세 수억 원을 챙긴 후 법인을 폐업시켰다. 또 다른 사례로 인력공급업을 표방한 자료상 조직은 외국인 명의의 법인을 세워 건설 현장 인부를 공급한 것처럼 꾸미고 수십억 원의 허위 계산서를 발행한 뒤, 대표가 외국 국적을 이용해 출국해 버린 케이스도 있었다.

5장.

최근 세무조사 경향과 방향성

시대가 변하면 세무조사의 양상도 변한다. 최근 국세청의 세무조사 트렌드는 과거와 많이 달라졌다. 과거에는 정기적으로 대기업이나 고소득자를 돌며 조사하는 패턴이었다면, 이제는 위험분석에 기반한 선별적 조사와 특정 테마별 집중조사가 두드러지고 있다. 또한 유튜버, 가상자산 투자자, 해외소득 보유자 등 신종·신흥 업종에 대한 조사 강화 기조도 뚜렷하다. 이 장에서는 국세청이 최근 강조하고 있는 세무조사 경향과 앞으로의 방향성을 살펴보겠다.

1. 테마조사와 선택과 집중

테마조사란 국세청이 특정한 탈세 유형이나 업종을 선정하여 해당 부류 납세자들을 한꺼번에 조사하는 것을 말한다. 최근 국세청은 민생침해 탈세, 불공정 탈세, 신종 호황 업종 탈루 등에 대해 테마조사를 자주 실시하고 있다. 예를 들어 2023년 초에는 유튜버, 인플루언서, 웹툰 작가 등 SNS 유명인들의 탈세 의혹을 테마로 삼아 관련자 84명을 동시 세무조사하였다. 또 부동산 시장 과열기에는 법인을 악용한 부동산 탈세를 테마로 조사한 사례도 있다. 2025년에는 결혼·출산·육아 문제가 이슈화되어서 '2030 울리는 스드메, 산후조리원, 영어유치원'에 대해 동시 세무조사를 진행했다. 이렇듯 국세청은 시기별·이슈별로 중점 과제를 정해 집중 조사함으로써 경각심을 주고 세원을 확보한다.

테마조사의 장점은 동일한 탈세 수법을 쓰는 사례들을 일망타진함으로써 세정 효과를 극대화하는 데 있다. 또한 언론을 통해 과시효과를 노려 탈세 억지력을 높이는 효과도 있다.

그렇다면 최근 테마조사의 경향을 살펴보자.

1) SNS 고소득자·신종사업 테마

앞서 언급한 연예인, 운동선수, 유튜버, 웹툰작가 등이 이에 해당한다. 이들은 새로운 형태의 수입원으로 고소득을 올리면서 상대적으로 세무관리가 허술한 경우가 많았다. 국세청은 2019년부터 신종호황업종 특별조사를 실시해 왔고, 2021년에도 220명을 조사해 3,266억 원의 탈루 소득을 적발했다. 주요 적출 내용은 현금매출누락(75% 수준)과 가공경비 계상(인건비 허위 계상 등, 54% 수준)이었다. 2023년 2월의 84명 조사에서도 가족 명의 1인기획사 설립 후 소득 분산, 친인척 허위급여, 무자료 수입 은닉 등이 공통 수법으로 드러났다. 국세청은 이러한 SNS 부자들의 탈세에 앞으로도 엄정 대응하겠다고 천명했다.

2) 역외탈세·해외자산 테마

글로벌 시대에 걸맞게 해외 소득 은닉과 역외 자산 회피도 큰 이슈다. 국세청은 해외에 페이퍼컴퍼니를 세워 소득을 빼돌리거나 해외 부동산·금융자산 신고를 누락하는 사례를 집중 추적하고 있다. 예를 들어 최근 한 제조업 사주는 홍콩에 페이퍼컴퍼니를 설립해 국내 법인자금을 유출, 그 돈으로 자녀 유학비 등에 사용한 것이 적발되었다. 또한 연이은 조세조약 정보교환으로 해외금융계좌 자료가 국세청에 입수되고 있다. 특히 2023년 이후 해외 가상자산 계좌 신고 의무가 도입되어(매년 6월, 해외가상자산 평가액 5억 원 초과 시 신고) 이를 어기면 최대 20% 과태료가 부과된다. 국세청은 2023년 가상자산 거래소 업비트와 코빗에 대한 세무조사도 착수하여 국내외 코인 거래 내역을 샅샅이 살피고 있다. 역외탈세 테마의 메시지는 명확하다. 해외소득·자산을 몰래 숨겨도 각국 정보교환망과 국제조사로 반드시 찾아내겠다는 것이다.

3) 민생침해·불공정 탈세 테마

민생침해 탈세란 서민 생활에 피해를 주는 탈세를 말한다. 예컨대 다단계 판매조직의 조세포탈, 고의 폐업을 반복하며 세금 안 내는 악덕사업자, 서민 상대로 사기성 분양이나 사채업을 하며 탈세하는 경우 등이 해당된다. 국세청은 "서민의 일상과 시장질서를 해치는 행위는 엄정하고 끈질기게 대응하겠다"라고 밝혔다.

또한 불공정 탈세로 불리는, 돈 있는 사람들이 편법으로 세금 회피하는 행위, 이를테면 초고가 부동산 편법증여나 대기업 총수일가의 기업자금 유용 등이 여기에 포함된다. 국세청은 2025년부터 초고가 부동산 증여 시 감정평가 활용을 확대하는 등 공정과세에 행정력을 집중하고 있다. 이러한 분야는 세무조사에서 강도 높게 다룰 우선순위로 보고되며, 필요하면 여러 유관기관과 공조해 조사하는 추세이다.

정리하면, 테마조사는 앞으로도 국세청 세무조사의 한 축으로서 계속될 전망이다. 사회적 이슈나 정책적 필요에 따라 언제든 새로운 테마가 등장할 수 있다. 납세자 입장에서는 본인이 속한 업종이나 형태가 최근 테마조사 리스트에 오르지는 않았는지 관심을 기울일 필요가 있다. 만약 해당된다면 사전에 컨설팅을 받아보거나 자발적 수정신고를 통해 위험요인을 제거하는 것도 방법이다.

2. 위험분석 기반 조사 선정(빅데이터 세무행정)

예전에는 세무조사 대상자를 어느 정도 무작위 추출로 뽑는 경향이 있었다. 그러나 최근에는 무작위 방식이 많이 축소되고, 그 대신 위험분석 시스템에 의한 과학적 선별이 자리 잡았다. 이는 국세청이 축적한 방대한 신고자료와 외부 데이터를 활용하여 탈루 위험이 높은 대상을 골라내는 기법이다.

국세청의 전산시스템(NTIS 등)은 납세자의 ▲과거 신고 성실도, ▲동종 업종 평균 대비 지표, ▲각종 제3자 신고자료(신용카드, 현금영수증, 금융소득 등) 연계 분석, ▲자산취득 및 소비 수준, ▲경제환경 변화에 따른 업종 영향도 등을 종합적으로 평가한다. 그리고 위험 점수가 높은 순으로 조사 후보군을 추린다. 이렇게 하면 세무조사 자원의 효율적 배분이 가능해지고, 성실납세자는 조사 제외하여 납세협력 비용을 줄이는 효과도 있다.

2025년 국세청은 아예 AI와 빅데이터를 활용해 조사 대상 선정의 공정성과 객관성을 높이겠다고 발표했다. AI를 통해 탈세 패턴을 학습하고 이상치를 식별함으로써 사람의 편견이나 실수를 배제하겠다는 것이다. 예를 들어 과거에는 개인사업자 중 일정 비율을 무작위 선정했다면, 이제는 위험도 낮은 납세자는 무작위 선정도 면제하고 위험도가 높은 쪽에 조사 역량을 집중하는 식이다. 실제로 "개인 무작위 정기조사 축소, 실효성 위주 조사"가 국세청의 공식 방향으로 제시된 바 있다.

또한 위험분석에는 외부 데이터도 활용된다. 국세청은 금융정보분석원(FIU)의 고액현금거래 통보자료, 부동산 거래 신고자료, 심지어 사회관계망서비스(SNS) 정보까지 다양한 채널을 참고한다. '과세 인프라'라고 불리는 이 데이터들은 과거보다 훨씬 정밀하게 납세자의 경제활동을 그려낸다.

앞으로 세무조사는 어떻게 변해갈까? 현재 흐름을 토대로 전망해 보면, 조사 건수 자체는 큰 변화가 없더라도 그 내용과 강도는 더 정교해질 것으로 보인다. 국세청은 한 해 약 14,000건 내외의 조사를 유지하면서, AI 기술 접목, 절차 투명성 제고, 납세자 권익보호 강화 등을 추진하고 있다.

1) 조사 대상 선정의 정교화

앞서 언급했듯 AI와 빅데이터를 활용한 조사선정이 확대될 것이다. 무작위 추출 비중은 더욱 줄고, 위험도 높은 곳에 조사인력이 집중 투입된다. 납세자로서는 "옛날처럼 운 나쁘면 걸린다"라는 인식은 버리고, "내 행동이 곧 데이터다"라는 생각으로 임해야 한다. 결국 스스로 자신의 세무 위험을 관리해야 하는 시대이다.

2) 테마조사의 상시화

국세청은 경제 여건과 사회문제를 보아가며 연중 수시로 테마조사를 전개할 것이다. 현재도 연 3~4회 이상 정기 테마조사가 이뤄지고 있는데, 향후에도 부동산 경기, 가상자산 시장 동향, 대중문화 산업 성장 등 이슈에 따라 다양한 테마가 등장할 수 있다. 납세자들은 국세청 보도자료나 뉴스를 통해 최근 조사의 흐름을 파악해 두는 것이 좋다. "혹시 내 업종이 다음 타깃은 아닌지" 관심을 갖고 미리 대비하면 리스크를 줄일 수 있다.

3) 납세자 권리보호와 절차 개선

국세청은 세무조사 절차의 투명성을 높이고 납세자 권익을 보호하려는 방향으로도 움직이고 있다. 예를 들어 사전통지 의무 강화, 조사기간 연장 제한, 세무조사 선정심의위원회 운영 등이 정착되고 있다. 또한 세무조사 입회인 제도나 납세자보호담당관 제도를 통해 억울한 조사를 막으려 한다. 이는 납세자에게 좋은 흐름이다. 조사받게 되면 당당히 본인 권리를 주장하고, 절차상의 하자가 없는지 살펴볼 필요가 있다. 만약 과도한 중복조사나 위법한 압박 등이 있다면 납세자보호위원회에 구제를 신청할 수도 있다. 앞으로는 공정한 세무조사가 국세행정의 중요한 가치로 자리 잡을 것이므로 납세자도 정당한 권리를 인식하고 행사해야 한다.

4) 기술 발전에 따른 과세 대응

국세청은 이미 전산 조사, 전자장부 분석, 디지털 포렌식 등을 활용하고 있으며, 향후 더 발전된 기술(AI 분석, 블록체인 추적 기술 등)이 동원될 것이다. 이에 따라 숨길 수 있는 탈세는 점점 줄어들 것이다. 반면 납세 편의도 기술로 개선되어, 세무조사 대비용 리포트나 AI 세무상담 등의 서비스도 등장할 수 있다. 납세자들은 새로운 기술 환경에 맞게 투명성을 전제로 한 세무 전략을 세워야 한다.

김 대표의 Q&A

Q. 최근 국세청은 어떤 분야의 탈세를 특히 집중 조사하나요?

크게 두 가지 방향입니다. 하나는 SNS 유명인, 유튜버, 웹툰작가, 가상자산 부자 등 신종 호황업종이고, 다른 하나는 역외탈세나 부동산 편법증여 등 불공정 탈세입니다. 예를 들어 2023년에 유튜버·연예인 84명을 조사하였고, 또한 해외 페이퍼컴퍼니를 통한 자산 유출을 적발한 사례 등이 있었습니다. 국세청이 사회적 이슈가 되는 탈세 테마를 골라 집중 조사하는 추세입니다.

Q. 유튜버나 가상자산 소득은 과세망을 피할 수 있지 않을까요?

못 피합니다. 국세청은 이미 유튜버의 광고·후원 수익 자료를 플랫폼으로부터 받고 있고, 가상자산 거래 내역도 거래소 조사를 통해 확보하고 있습니다. 해외 거래소 이용자까지도 해외정보 교환과 신고의무로 파악하려 합니다. 실제로 해외 코인 소득을 숨긴 유튜버도 적발되었지요. 따라서 신종 디지털 소득도 이젠 다 드러난다고 생각하고 성실신고해야 합니다.

Q. 납세자가 앞으로 특별히 주의해야 할 사항은 뭔가요?

세무관리의 디지털화입니다. 자신의 세무 상태를 객관적인 데이터로 관리해야 합니다. 국세청이 볼 데이터를 내가 먼저 보고 점검하는 태도가 필요합니다. 또 하나는 새로운 세금제도 파악입니다. 해외자산 신고 의무나 각종 세제 개편에 뒤처지면 자신도 모르게 탈법자가 될 수 있습니다. 마지막으로, 권리 의식입니다. 조사받더라도 당당히 임하고 부당하면 이의제기하세요. 국세청도 이제 절차적 정당성을 중시하므로, 납세자도 올바른 주장을 할 줄 알아야 합니다.

세무조사는 어느 날 갑자기 우리 사업에 찾아옵니다.

하지만 그 자체가 두려움의 대상은 아닙니다. 준비된 사람에게 세무조사는 위기가 아니라, 사업의 흐름을 점검하고 리스크를 줄이는 기회가 될 수 있습니다.

이 책에서 다룬 기본 구조와 실제 사례들을 바탕으로, 대표자 스스로 자신의 사업을 한 걸음 떨어져 점검해 보시기 바랍니다.

세무조사는 세무대리인만의 몫이 아닙니다. 대표자가 구조를 이해하고, 흐름을 알고, 리스크를 인지하고 있다면 어떤 조사도 충분히 대응할 수 있습니다. 사업을 제대로 이해하고 있는 대표자만이, 진짜 '준비된 대표자'입니다.

맺음말

법인을 만든다는 것은

단순한 새 출발이 아닌, 새로운 전략의 시작입니다.

많은 분들이 다양한 혜택을 기대하며 법인을 설립하지만, 법인의 형태만 갖췄다고 해서 원하는 결과가 따라오지는 않습니다. 중요한 것은 '법인의 구조를 어떻게 설계하고 운영하는가'입니다.

초기 설계 방향이 법인 운용, 절세 설계, 투자 유치, 퇴직 플랜, 승계 전략에 이르기까지 사업 전반에 깊은 영향을 미칩니다.

이 책은 단순히 법인 설립 절차를 나열한 매뉴얼이 아닙니다.

설립 초기에 반드시 고민해야 할 구조 설계부터
운영 과정에서 마주하는 인건비 등 세무 이슈,
가업 승계와 지식재산권의 전략적 활용,
그리고 예고 없이 찾아오는 세무조사까지

법인의 생애주기를 따라가며 법인 대표들이 놓치기 쉬운
핵심 포인트들을 체계적으로 담아냈습니다.

법인 전문가로서 현장에서 수많은 대표들을 만나왔습니다.
제대로 된 정관 없이 임원 상여금이 비용 인정되지 않았던 사례, 퇴직금 구조를 준비하지 않아 높은 누진세를 부담한 사례, 상속세를 마련하지 못해 회사를 매각했던 사례까지,

이 모든 일의 시작점은 대부분
정보 부족과 사전 설계의 부재 때문이었습니다.

이 책은 다섯 명의 법인 전문가가
각자의 실무 경험과 전문 지식을 모아 집필한 결과물입니다.
세법 조항을 해설하는 데 그치지 않고,
지금 왜 이 결정을 해야 하는가에 대한 기준과 방향을 제시하고자 했습니다.

법인을 고민하시는 분들께,
그리고 함께 방향을 설계하는
세무사, 회계사, 변리사, 컨설턴트에게도
이 책이 좋은 길잡이가 되길 바랍니다.